网店美工
淘宝天猫店铺设计与装修
实操
（第2版）

冯德华　王　毅　曹培强　编著

电子工业出版社
Publishing House of Electronics Industry
北京·BEIJING

内 容 简 介

网店开启之后，能够增加网店商品销量的方式主要有运营和网店效果两种。通过视觉吸引买家注意是最经济实惠的方式，想要在此方面有所突破，美工的作用不容小觑。

本书以实例和设计理论相结合的方式，逐步体现美工在网店各个视觉模块的重要性。根据美工在装修网店时应了解的各个知识点，本书精心设计了 70 多个与网店美工相关的实例，其中包含网上开店前期企划、商品信息采集、美工在网店中的作用、在网店中定位配色与细节、能提升网店流量的图片的设计与制作、淘宝前台与后台的衔接，以及店铺可装修区域的应用等综合实例。本书由一线网店美工教师和网店店主编写，循序渐进地讲解了网店美工在装修时需要了解的知识点。

本书采用案例教程结合理论的编写形式，兼具技术手册和应用技巧参考手册的特点，实用且讲解清晰，不仅可以作为初次开店想自己装修网店的初级读者和中级读者的学习用书，还可以作为大中专院校相关专业及电子商务培训的教材。

未经许可，不得以任何方式复制或抄袭本书之部分或全部内容。
版权所有，侵权必究。

图书在版编目（CIP）数据

网店美工实操：淘宝天猫店铺设计与装修 / 冯德华，王毅，曹培强编著．—2 版．—北京：电子工业出版社，2021.10
ISBN 978-7-121-41999-7

Ⅰ．①网… Ⅱ．①冯… ②王… ③曹… Ⅲ．①网店－设计－教材 Ⅳ．①F713.361.2

中国版本图书馆 CIP 数据核字（2021）第 191899 号

责任编辑：高丽阳　　　　　　　　特约编辑：田学清
印　　刷：中国电影出版社印刷厂
装　　订：中国电影出版社印刷厂
出版发行：电子工业出版社
　　　　　北京市海淀区万寿路 173 信箱　　邮编：100036
开　　本：787×980　1/16　印张：17　字数：390 千字
版　　次：2018 年 7 月第 1 版
　　　　　2021 年 10 月第 2 版
印　　次：2021 年 10 月第 1 次印刷
定　　价：108.00 元

凡所购买电子工业出版社图书有缺损问题，请向购买书店调换。若书店售缺，请与本社发行部联系，联系及邮购电话：（010）88254888，88258888。
质量投诉请发邮件至 zlts@phei.com.cn，盗版侵权举报请发邮件至 dbqq@phei.com.cn。
本书咨询联系方式：010-51260888-819，faq@phei.com.cn。

前言

随着时代的进步，人们对于网络的依赖越来越严重了。只要有网络，买东西和卖东西都不需要在实体店内进行，对于自己喜欢的商品，只需要动一动鼠标，就能完成网上交易。对于买家而言，在网店浏览商品时，最能激发买家购买欲望的除了商品的价格和特色外，网店整体的装修格局和配色也能激起买家的购买欲望，因此作者编写了这本书。

能够产生经济效益是每个卖家的最大心愿。在商品与价格都大体相同的情况下，一个好的网店视觉界面绝对是突出商品卖点的保障，而这又恰恰是网店美工的工作。

市面上流行的网店美工书籍大多是以理论和实例两种形式存在的，而本书正好将这两点合二为一，使读者不但可以理解网店美工操作的理论，还可以通过书中提供的案例讲解来完成实践操作的过程，从而使读者了解网店美工在装修时使用的软件，少走弯路。

本书作者有着丰富的电商美工教学经验和网店经营与装修的实践经验，将自己在网店装修过程中总结的经验和技巧展现给读者。希望读者能在体会装修软件的强大功能的同时，将设计创意和设计理念通过软件反应到网店的视觉效果中来，更希望通过本书帮助读者解决开店后美工装修中的难题，提高网店的整体视觉水平，快速成为网上销售的高手。

本书特点

本书内容由浅入深，每一章的内容都丰富多彩，力争涵盖网上店铺装修方面的全部知识点，以实例结合理论的方式对网店装修进行讲解。

- 内容全面，涵盖了美工在网店装修中所涉及的图片、配色、视觉细节和网店装修的各个方面。本书由具有丰富教学经验的网店装修一线老师编写，从商品图片设计的一般流程入手，逐步引导读者学习装修时所涉及的各种技能。
- 语言通俗易懂，讲解清晰，前后呼应，以小的篇幅、易读懂的语言来讲解每一项功能和每一个实例，让读者学习起来更加轻松，阅读更加容易。
- 实例丰富，技巧全面实用，技术含量高，与实践紧密结合。每一个实例都包含着作者多年的实践经验，每一个功能都已经过技术认证。
- 注重理论与实践相结合，本书中实例的运用都是由软件某个重要知识点展开，使读者更容易理解和掌握，从而方便记忆知识点，进而能够举一反三。

本书章节安排

本书依次讲解了网上开店前期企划、商品信息采集（扫码阅读）、美工在网店中的作用、在网店中定位配色与细节、能提升网店流量的图片的设计与制作、淘宝前台与后台的衔接，以及店铺可装修区域的应用（扫码阅读）。

本书"扫码阅读"部分，请按照"读者服务"的提示扫描二维码获取。

本书读者对象

本书主要面向想开网店的初级读者和中级读者，是一本非常适合阅读的网店装修教材。学习任何课程都应该从掌握基础知识开始，再循序渐进地进行学习。以前没有接触过网上开店或自己装修网店的读者参照本书即可轻松入门，能够自己进行网店装修的读者可以从本书中快速了解网店配色、商品调色及视觉细节等方面的知识点。

本书主要由冯德华、王毅和曹培强编著，参加编写的成员还有王红蕾、陆沁、吴国新、时延辉、刘冬美、戴时颖、刘绍婕、尚彤、张叔阳、葛久平、孙倩、殷晓锋、谷鹏、胡渤、赵頔、张猛、齐新、王海鹏、刘爱华、张杰、张凝、王君赫、潘磊、周荣、周莉、金雨、陆鑫、付强、刘智梅、陈美荣、范雨薇、张琦、曹培军等。

由于时间仓促且作者水平有限，书中疏漏和错误之处在所难免，敬请读者批评指正。

读者服务

微信扫码回复：41999

- 获取本书配套资源（含PPT、设计素材、源文件、教学视频）
- 获取"扫码阅读"部分内容
- 加入电商读者交流群，与更多读者互动
- 获取【百场业界大咖直播合集】（持续更新），仅需1元

目录

第1章 网上开店前期企划 1
1.1 客户群定位 2
1.2 选择经营商品 3
1.3 网上浏览行业旺铺 5
1.4 批发城实地调研 5
1.5 组成网店的各个功能元素 6
1.5.1 店标 6
1.5.2 店招 7
1.5.3 促销广告 7
1.5.4 宝贝分类 9
1.5.5 联系方式 10
1.5.6 店铺收藏 11
1.5.7 店铺二维码 11
1.5.8 店铺公告 11
1.5.9 宝贝展示 12
1.5.10 宝贝排行 13
1.5.11 宝贝详情 13
1.6 网上店铺的制作流程 14
1.6.1 规划时期 15
1.6.2 制作时期 21
1.6.3 保存与发布时期 21
1.6.4 维护更新时期 22
1.7 网上开店 22
1.7.1 淘宝开设店铺的特点 22
1.7.2 淘宝开设店铺的基本流程 23

第2章 商品信息采集【扫码阅读】 31

第 3 章　美工在网店中的作用 32

3.1　宝贝图片处理 33
- 3.1.1　裁剪与倾斜校正 33
- 3.1.2　修饰宝贝图片 39
- 3.1.3　宝贝图片的调色处理 49
- 3.1.4　宝贝图片的瑕疵修复 55

3.2　网店图片多种抠图技巧 66
- 3.2.1　规则形状抠图 67
- 3.2.2　简单背景抠图 71
- 3.2.3　复杂图形抠图 74
- 3.2.4　毛发抠图 82
- 3.2.5　图层关系替换背景 85
- 3.2.6　透明宝贝的抠图方法 87
- 3.2.7　综合抠图方法 92

3.3　图片在网店设计中的作用 93
- 3.3.1　商品整体参与整体设计 93
- 3.3.2　商品切断式参与整体设计 94
- 3.3.3　不同视角参与整体设计 95
- 3.3.4　超出范围参与整体设计 96

3.4　文案在网店中的作用 96
- 3.4.1　为什么要做文案 97
- 3.4.2　文案怎样写 97
- 3.4.3　文案的布局 98
- 3.4.4　活动文案 104

第 4 章　在网店中定位配色与细节 106

4.1　网店中图片的配色 107
4.2　网店配色 110
- 4.2.1　自定义页面的主色与辅助色 110
- 4.2.2　网店色调与配色 112
- 4.2.3　色彩采集 128

目录

  4.2.4 色彩推移 129
4.3 网店页面色彩分类 130
  4.3.1 静态色彩与动态色彩 130
  4.3.2 强调色彩 131
4.4 统一间距与对齐 132
4.5 为网拍商品图片制作统一边框 133
  4.5.1 按图片颜色为其添加边框 133
  4.5.2 细致调整图片背景边缘 135
  4.5.3 统一图片边框样式 136
  4.5.4 商品图片边框的制作 137
4.6 增加图片的细节 139
  4.6.1 为商品图片添加标签 139
  4.6.2 放大商品的局部特征 140
  4.6.3 调整细节增加商品视觉效果 140

第5章 能提升网店流量的图片的设计与制作 142

5.1 设计店标 144
  5.1.1 店标设计的原则 144
  5.1.2 店标的作用 145
  5.1.3 店标的设计构思 145
  5.1.4 店标的制作过程 146
  5.1.5 发布店标 152
5.2 直通车图片设计 154
  5.2.1 直通车图片的设计原则 154
  5.2.2 直通车在淘宝中的位置 161
  5.2.3 设计与制作直通车图片 162
5.3 钻展图片设计 165
  5.3.1 钻展图片的设计原则 165
  5.3.2 钻展图片主图设计与制作 166
  5.3.3 钻展图片右侧小图设计与制作 169
5.4 店招设计 171

5.4.1　店招设计的原则 171
　　　5.4.2　通栏带导航店招的设计与制作 172
　　　5.4.3　带导航的标准店招制作 176
　　　5.4.4　标准店招的制作 177
　　　5.4.5　带导航的全屏店招背景制作 178
　5.5　全屏通栏首屏广告制作 179
　　　5.5.1　全屏广告图设计与制作 179
　　　5.5.2　标准950广告图制作 185
　5.6　其他区域广告制作 186
　　　5.6.1　750广告图设计与制作 186
　　　5.6.2　190广告图设计与制作 189
　　　5.6.3　陈列区图像设计与制作 191
　　　5.6.4　项目区图像设计与制作 194
　5.7　宝贝分类设计 196
　　　5.7.1　宝贝分类的设计原则 196
　　　5.7.2　宝贝分类图片设计与制作 197
　　　5.7.3　子宝贝分类设计与制作 201
　　　5.7.4　悬浮导航设计与制作 203
　5.8　店铺收藏与客服图片制作 204
　　　5.8.1　店铺收藏图片设计与制作 204
　　　5.8.2　客服图片设计与制作 206
　5.9　店铺公告模板设计与制作 207
　5.10　详情页 211
　　　5.10.1　详情页的设计思路和操作流程 211
　　　5.10.2　详情页的格局构成 212
　　　5.10.3　详情页的设计与制作 213
　5.11　为图片创建切片后导出 223

第6章　淘宝前台与后台的衔接 227
　6.1　进入图片空间的素材中心 228
　6.2　编辑素材中心 230

6.2.1	新建文件夹管理图片	230
6.2.2	删除图片空间的文件夹	232
6.2.3	上传优化好的图片	234
6.2.4	图片搬家	236
6.2.5	恢复删除的图片	238
6.2.6	全选图片	239
6.2.7	替换	240
6.2.8	编辑	240
6.2.9	适配手机	241
6.2.10	为图片添加水印	242
6.3	复制图片空间中的图片链接	244
6.4	Dreamweaver 工作界面	245
6.5	创建表格	247
6.6	编辑表格	249
6.6.1	单元格选取技巧	249
6.6.2	重设表格的行列数	249
6.6.3	调整表格宽度	250
6.6.4	调整边距/间距/边框	251
6.6.5	行列的插入/删除	251
6.6.6	调整行宽/行高	252
6.6.7	单元格的拆分/合并	252
6.6.8	嵌套表格	253
6.6.9	清除表格的宽度/高度	254
6.6.10	单元格的其他设置	255
6.7	插入图片	255
6.8	以背景方式插入图片	257
6.9	粘贴图片空间中的图片链接到 Dreamweaver 代码区	260

第 7 章 店铺可装修区域的应用【扫码阅读】 262

第1章

网上开店前期企划

本章重点：

- ✦ 客户群定位
- ✦ 选择经营商品
- ✦ 网上浏览行业旺铺
- ✦ 批发城实地调研
- ✦ 组成网店的各个功能元素
- ✦ 网上店铺的制作流程
- ✦ 网上开店

在开网店之前一定要先进行一下策划，包含开店前需要做什么、店铺开起来之后需要做什么等。这样才能做到心中有数、有备无患，具体的开店导图如图1-1所示。

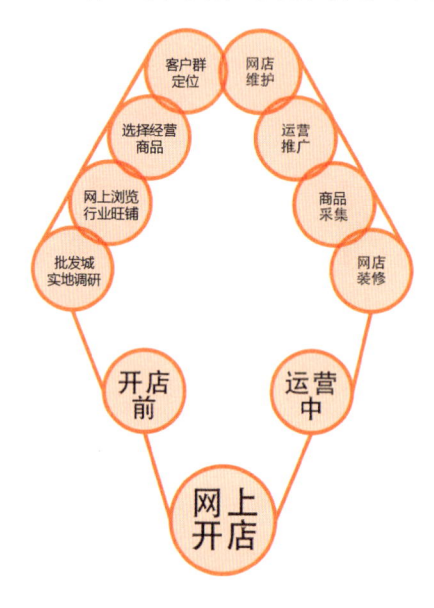

图1-1　开店导图

做好充分的准备工作，可以让投资风险降低。本章就对店铺上线之前要做的准备进行了详细说明，包括客户群定位、选择经营商品、网上浏览行业旺铺及批发城实地调研等。

1.1　客户群定位

开店之前，我们需要明白自己的客户是谁。对目标客户的定位可以细分为多个维度，例如针对性别、年龄、风格的定位等。

性别

我们要明确目标客户的性别。有人认为这点很可笑，其实这是让卖家知道真正下单购买的人是谁。男装的目标客户就是男性吗？数据显示，有40%左右的男装购买者是女性，儿童用品的买家通常也是女性，这些都需要大家仔细考虑。

年龄

不同年龄段的人有不同的购物特点，我们需要仔细分析目标客户的年龄段。18～23岁的消费者大多数是在校学生，有一定的消费基础，但花的都是父母的钱，所以他们通常喜欢低价或高性价比的商品。24～27岁的消费者是刚刚走出校门或处于就业上升期的人，往往需要建立家庭，理论上讲是比较有消费实力的，但是迫于家庭的压力，消费能力略有下降。而40岁左右的消费者大多数属于领导和管理阶层，在为父母和子女购买商品的时候，偶有大手笔的消费，消费能力呈现上升趋势。

风格

这里说的风格定位，是商品本身的风格定位。现在，女装类目已经出现40多种风格，主流的服装风格有十几种，例如常见的民族、欧美、田园、学院、朋克、街头、简约等风格。通过对客户的定位，我们可以详细了解客户的心理需求，这样才可以使客户满意。客户满意了，店铺商品的销量也就不用担心了。

1.2 选择经营商品

对于生意人来说，商品能否热卖关系到生意的好坏，而能否热卖就要看商品有没有卖点。有卖点意味着商品有市场，能带来利润。对于网店来说，卖点就是网店的立足点和盈利点。商品只有具备独特的卖点，才能激发顾客的购买欲望。

如今，网上的平台每天都有新店开业，竞争也开始激烈起来，网店要想盈利，店中的商品必须有较多的卖点。尤其是新卖家，级别低、没有经营经验、没有固定的顾客，想要突破开业初期的经营困境，只有发掘出具有卖点的商品，才能在竞争中站稳脚跟，这是非常关键的一步。从当前网店的销售情况与市场需求来看，热卖的商品有以下几类。

时尚好玩的高科技网店商品

现代科技的发展可谓一日千里，电脑或数码商品的更新换代更是日新月异，一些追求时尚的高科技爱好者总想跟上潮流，但好多商品刚买没几天就过时了，市场上又出现了升级换代的新商品。如果跟着潮流走，刚买的商品就会贬值不少，购买新商品又要花一大笔钱，着实让人心疼；不换吧，又落后于时尚，总是心有不甘。因此，不少人选择购买价格更为低廉的网店商品。

规格统一的商品

规格统一，标识清晰，特征容易描述，同一类个体之间无差异的商品也适合在网上销售。图书是典型的规格统一的商品，也是非常适合在网上销售的商品。从时间上来看，图书算是最早在网上销售的商品之一。美国的大型电子商务网站亚马逊最初就是靠卖书起家的，中国也有当当网等大型图书经营网站。

在专卖店才买得到的特色商品

随着人们经济生活水平的提高，现在有越来越多的体育用品爱好者，但体育用品大多只在专卖店才可以买到，并且大多数专卖店一般只在大中城市才有，且经营网点比较少，一些小城市也很少有这类专卖店，所以，在网上购买体育用品便成了不少人的第一选择或唯一选择。如果有合适的渠道，在网上开一家体育用品店，应该会取得不错的经营效果。

针对女性与孩子的网店商品

说了这么多，到底什么商品是又好卖、又容易让店铺快速盈利的呢？一是针对女性的商品，因为在逛淘宝店铺的买家中女性约占70%，女性买家多，成交率自然就高。二是针对孩子的商品，现在的家长都不会为了节省几十元或几百元而让孩子不高兴。关键是现在大部分人的工作、生活很忙，所以很大一部分人都会选择在网上购买。因此，好卖的商品就是与女性和孩子有关的商品，而且其市场是非常大的。只要定位准确，你的店铺就已成功了一半！如图1-2所示，该店铺是卖玩具的店铺，所卖商品既是女性喜欢的又是孩子喜欢的。

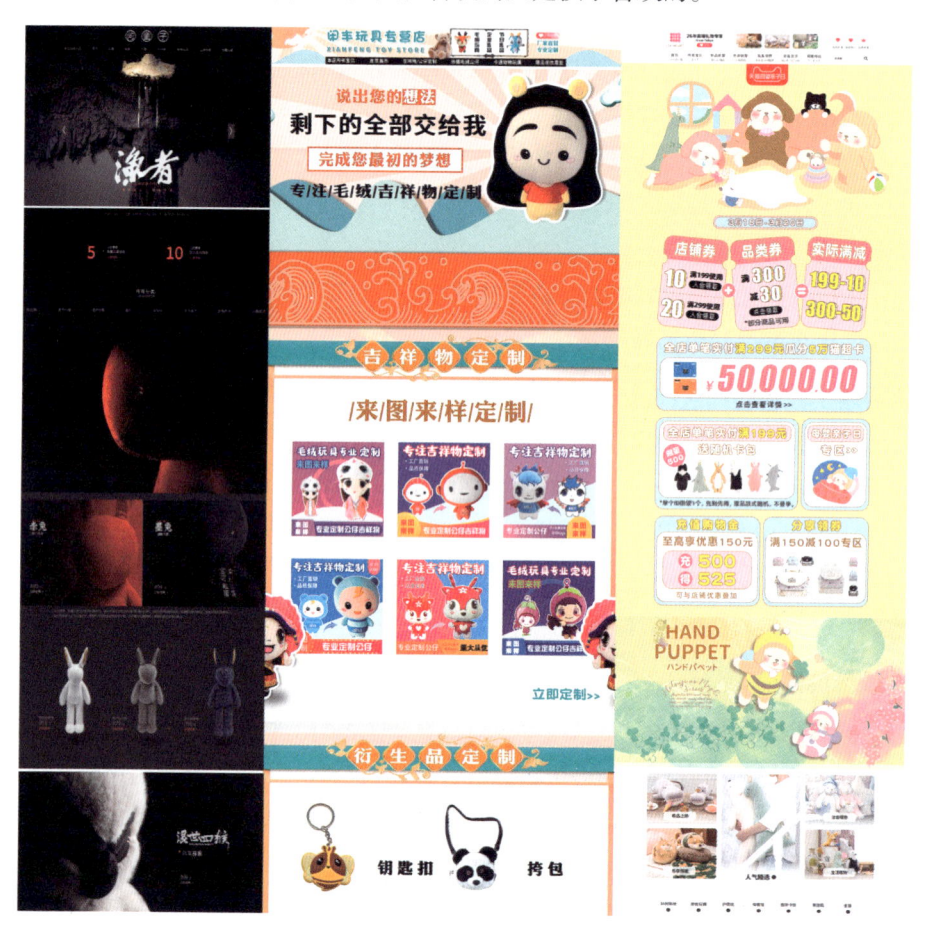

图1-2 毛绒玩具店铺

1.3 网上浏览行业旺铺

在网上容易销售的东西应该是在线下很少见的东西，例如一些年轻人喜欢的新潮的东西。价格的高低也决定了生意的好坏，想要低成本，最好选择小而精、时尚、受众多的商品。网店的数量成千上万，我们可以大体上通过店铺的粉丝数量、店铺的等级、店铺的装修来选择行业旺铺，这样可以节省大把的时间。

1.4 批发城实地调研

在网上查看商品虽然很方便，但是不能直接感受商品，这时我们可以到自己比较认可的批发城进行实地调研。实地调研的好处是可以直接看到各式各样的商品，能够让你对所要了解的商品进行直观的比对，还可以非常清楚地看到哪种甚至哪个商品出货量比较快，最直接的方法就是看进货人进哪款商品比较多，这样就能知道在网上销售时的大概出货情况；在批发城中滞销的商品，放到网上同样也会压货，因为大多数人的喜好还是差不多的。同时，我们也应了解在实地调研时会使身体产生疲劳感，如果看的商家少了就不能达到预期的效果。

在批发城进行实地调研时，不但可以查看具体商品的出货情况，还能在多种商品中找到自己要在网上卖的商品。新潮、时尚的商品在批发城里是出货量比较大的一部分，只要我们用心，找到一款自己用来网上创业的商品就不是难事，同时还可以结合网上的浏览选几样自己觉得不错的商品。图 1-3 所示为批发城中的商品。

图 1-3 批发城中的商品

1.5 组成网店的各个功能元素

网店视觉效果的好坏，可以直接影响一个店铺的成败，组成网店页面的各个功能元素是网店美工必须知道的。每个元素都具有自己独特的功能，其中主要包含店标、店招、促销广告、宝贝分类、联系方式、店铺收藏、店铺二维码、店铺公告、宝贝展示、宝贝排行、宝贝详情等。

1.5.1 店标

在开张的淘宝店铺中，店标通常指的是网店的核心标识，也就是店铺的 Logo。在淘宝开店主要是经营，不过一些淘宝店铺的装修等细节也是不可以忽视的，淘宝店标就是其中一个，有创意并且好看的店标容易让人记住。店标按类型可分为动态和静态两种。在淘宝中按照店铺进行搜索时，会看到每个店铺的店标，如图1-4所示。

图1-4 店标

1.5.2 店招

　　店招是网店的灵魂,在网店中店招必须放置在页面的顶部,用来说明经营项目,是招揽买家的一个招牌。店招要让买家知道店铺的经营范围。

　　网店不需要门面,所以店招就是网店的门面,即虚拟店铺的招牌。不同的店铺设计的店招也不同,有简单的也有复杂的,如图1-5所示。

图1-5　店招

1.5.3 促销广告

　　在淘宝店铺中商品直观地展现给浏览者,其中展示商品效果的广告区域,应该是最受买家关注的区域之一。自定义促销区域在淘宝旺铺中可分为通栏广告、750像素自定义广告、150像素自定义广告及陈列区广告等,在制作时还要考虑淘宝店铺对于图片装修尺寸的要求。图1-6所示为店铺的全屏通栏广告、750像素自定义广告、190像素自定义广告和陈列区广告效果。

图1-6 广告内容区

1.5.4 宝贝分类

网店中的宝贝分类是为了让买家以便捷的方式找到自己想买的商品。在网店中，如果上传的宝贝过多，查看起来就会非常麻烦，此时如果将相同类型的宝贝进行归类，将宝贝放置到与之对应的分类中，查找将会变得十分轻松。对于宝贝分类，我们可以按照网店的整体色调进行设计，好的宝贝分类可以让买家对商品一目了然，如图 1-7 所示。

图 1-7　宝贝分类

1.5.5 联系方式

在店铺中添加联系方式可以让买家对店铺更加信任，联系方式可以按照店铺的设计风格选择放置的位置，可以随左侧或右侧广告促销一同出现，其所占长度可以是单独的标准通栏的长度，如图1-8所示。

图1-8 客服

1.5.6　店铺收藏

在淘宝店铺中之所以会添加醒目的店铺收藏，主要有两个原因：一是淘宝系统的收藏按钮过小，不利于引起买家的注意；二是店铺的收藏人气会影响店铺的排名。

店铺收藏设置的意义在于引起买家的注意，吸引更多的人自愿收藏店铺，所以在设计与制作时首先要求醒目，然后再考虑其他事项，如图 1-9 所示。

图 1-9　店铺收藏

1.5.7　店铺二维码

在 PC 端淘宝店铺中添加二维码后，买家可以通过手机扫描二维码，快速进入卖家的手机淘宝店铺，这样可以方便买家随时随地查看商品。

1.5.8　店铺公告

店铺中的"店铺公告"可以十分清楚地展示本店最近的相关消息，例如店铺的促销活动、商品上新或发货信息的变更等。使用文本或图片的形式进行展示，目的就是让买家能够一目了然，如图 1-10 所示。

图 1-10　店铺公告

1.5.9　宝贝展示

网店中需要出售的商品，都会出现在宝贝推荐区域内，如图 1-11 所示。

图 1-11　宝贝展示

第 1 章　网上开店前期企划

1.5.10　宝贝排行

网店中添加计数功能，可以十分轻松地让店主了解买家的购买心理或查看爆款商品的销售情况，做到心中有数，如图 1-12 所示。

图 1-12　宝贝排行

1.5.11　宝贝详情

在淘宝店铺中，要想成功推销自己的商品，需要在商品的详情描述中下一些功夫，以吸引买家达成交易。宝贝描述模板通常是指包含宝贝描述在内的宝贝介绍页面。我们可以将其设计成一个模板，其他宝贝都可以使用这个模板进行展示，这样可使整个店铺在视觉上显得非常统一。不管哪种宝贝描述模板都应该有宝贝说明、宝贝描述、宝贝展示、买家须知等内容，如图 1-13 所示。

13

图 1-13　详情页

1.6　网上店铺的制作流程

　　网上店铺的制作流程是指从确定主题、整体风格，建立网站架构和设计店铺页面组件，一直到店铺的维护、更新等一系列过程。图 1-14 所示为网上店铺设计与装修的主要流程架构及其详细内容。

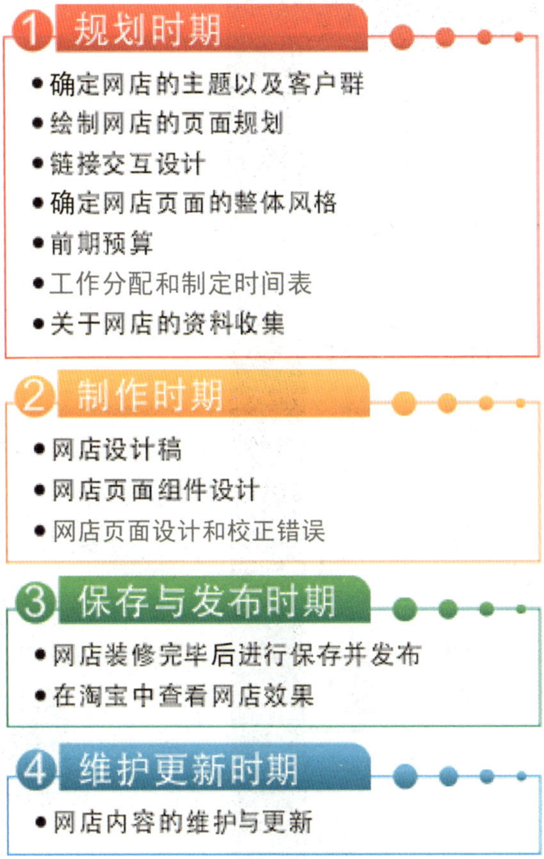

第 1 章　网上开店前期企划

① 规划时期
- 确定网店的主题以及客户群
- 绘制网店的页面规划
- 链接交互设计
- 确定网店页面的整体风格
- 前期预算
- 工作分配和制定时间表
- 关于网店的资料收集

② 制作时期
- 网店设计稿
- 网店页面组件设计
- 网店页面设计和校正错误

③ 保存与发布时期
- 网店装修完毕后进行保存并发布
- 在淘宝中查看网店效果

④ 维护更新时期
- 网店内容的维护与更新

图 1-14　网上店铺的设计与装修流程图

1.6.1　规划时期

规划是网店搭建之前的作业，不论是企业店铺的制作还是个人网上店铺的制作，都少不了这个时期。其实，进行网上店铺设计，就好像为客户做项目一样，必须经过事先的详细规划及讨论，然后凭借团队合作的力量，将网上店铺的制作成果呈现出来。

确定网店的主题和客户群

网店主题是指网上店铺的内容及主题诉求。以网上的女装店铺为例，女装店铺可以以时尚女装为主题，针对年轻女性全方位地展现店铺的主题诉求，如图 1-15 所示。

15

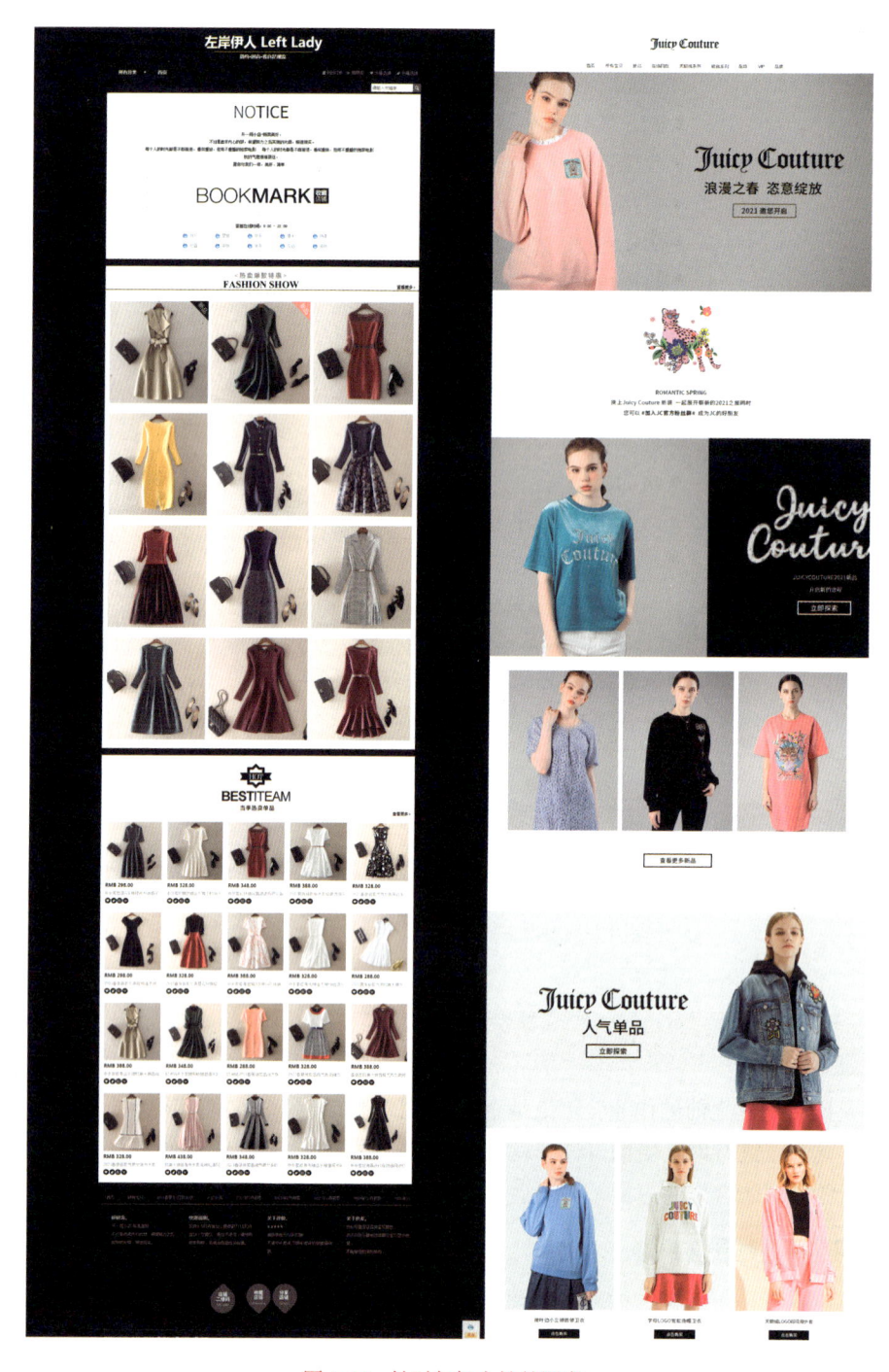

图 1-15 针对年轻女性的网店

至于客户群，可以理解为会进入网店页面的主要对象群体。确定客户群好像商品交易的市场调查一样，一个越接近客户群的商品，其市场的接受度越高。宣传主题相同，但是针对的人群不同，在设计时就要考虑不同的页面风格，只有这样才能更加贴近客户群体，从而使自己的网店更具有竞争力。针对儿童的服装店铺如图1-16所示。

图1-16 针对儿童的服装店铺

如何让网店具有高浏览率是设计之前的规划重点，虽然我们不可能为了设计一个网店而进行市场调查，但是若能在网上店铺建立之前，先针对网店主题和客户群多与客户及团队成员讨论，取得共识，就可以把网店做得更加成功。同时也不会因为网店内容不合乎客户的需求，而导致人力、物力及财力的浪费。

绘制网店的页面规划

网店页面规划架构图是对整个网上店铺的组织结构介绍，也可以说是对店内页面的分类说明。我们可以根据网店主题和客户群，考虑网上店铺需要在哪些页面放置商品及数据，这里我们对一个卖丝巾的网上店铺进行规划，它有一个"首页"和五个二级页面，如图1-17所示。

图 1-17　页面规划

链接交互设计

浏览导航就像查看商场中的不同店铺一样，这些导航会引导浏览者到想要去的地方。不过网店中的各个页面之间不会这么直观地引导浏览者，此时导航按钮就显得非常重要。

1）**垂直链接顺序**

垂直链接顺序是指将所有的导航功能放置在首页界面。浏览者必须回到首页之后，才能继续浏览其他页面，其优点是设计容易，缺点是浏览的时候较为麻烦。图1-18所示为垂直链接顺序。

图 1-18　垂直链接顺序

2）垂直与水平链接顺序

水平链接指的是在同级页面之间可以互相链接。同时具有垂直与水平链接顺序的导航设计的优点是容易浏览，缺点是设计上较为麻烦，如图1-19所示。

图1-19　垂直与水平链接顺序

> **温馨提示**　不管我们想要采用何种设计，都一定要经过详细的讨论与规划，应在每个页面中都放置可直接回到首页的链接。

确定网店页面的整体风格

网店页面风格就是网店界面的美术效果，可再细分为"首页"画面风格和"二级页面"画面风格。其中，"首页"属于网店的门面，一定要针对网店主题和客户群两方面进行设计。至于"二级页面"，因为要放置网上店铺的各项内容，所以只要风格和"首页"的保持一致即可，界面不需要太花哨，否则会让浏览者无法适应，找不到重点。

在设计网店图片广告时，颜色搭配最好保持在三种色系以内，这样的页面看起来会非常舒适，不会使浏览者厌烦。

另外，各个页面中的链接文字或图片数量则是依据网店主题进行设计的。在此建议各位先在纸上绘制相关草图，再与客户及团队成员共同决定，最后将其设计成网店效果。这样可以减少反复修改的麻烦，会让客户有一种被重视的感觉。

前期预算

预算费用是网店设计中最不易掌控及最现实的部分。不论是网店布局、图片编修，还是请专人设计相关组件、视频动画、店铺动态等，都会产生一些必须支出的费用。无论如何，各位都要将可能支出的费用详列出来，这样不仅便于控制预算费用，还可以尽量避免后期与客户产生经济纠纷。

工作分配和制定时间表

专业分工是目前市场的主流，在设计团队中，每个人依据自己的专长进行网上店铺开发的各项工作，除了可以让网上店铺内容更加精致外，还可以大幅度缩减开发时间。

不过专业分工的缺点是进度及时间较难掌控，因此，在分工之后还要再绘制一份开发进度的时间表，将各项设计的内容与进度做详细规划。此外，在团队中也要有一个领导者专职进度掌控、作品收集及与客户的协调，以确保各个成员的作品不仅风格一致，还可以满足客户的需求。

关于网店的资料收集

以建构一个围巾网店为例，围巾的图片、文字介绍及店铺 Logo 等，都必须由客户提供。我们可以根据网店架构中各个页面所要放置的数据内容，让客户列出一份详细的数据清单，此时可以请团队中的领导者随时和客户保持联系，作为与客户沟通的桥梁。围巾店铺页面的效果如图 1-20 所示。

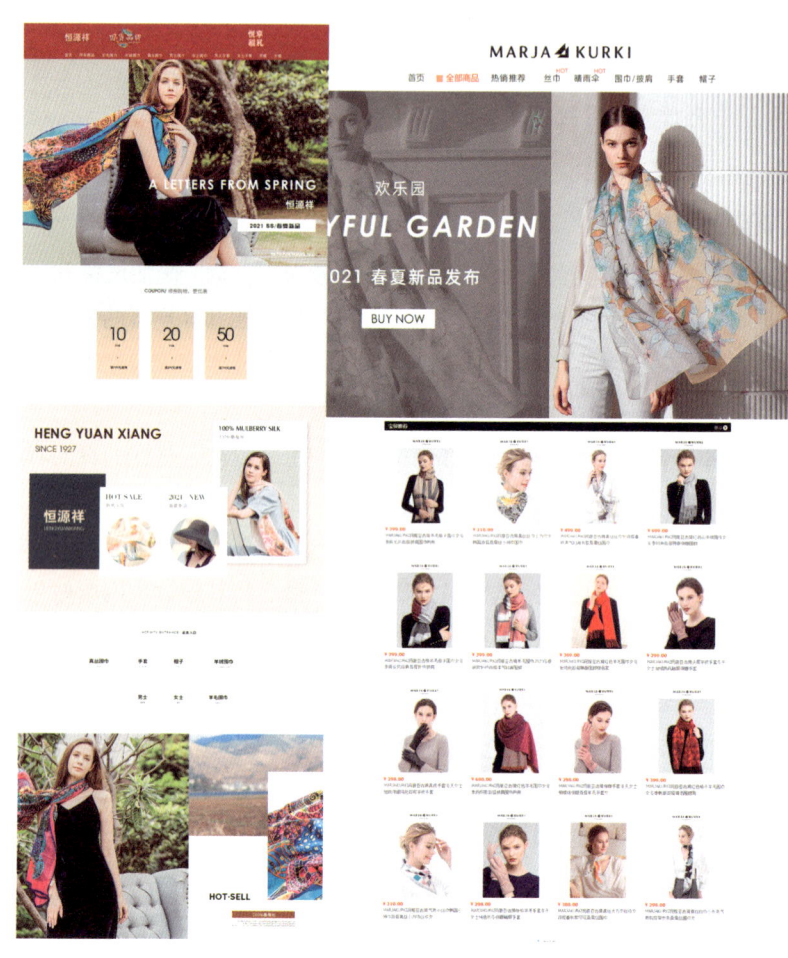

图 1-20　围巾店铺

1.6.2 制作时期

制作时期已经进入网店实际制作的阶段,其中最重要的是对后面工作的整合及校正错误,如何让客户对整个网店的设计感到满意,如何呈现整个网店页面的功能,如何掌握页面之间的链接,都会在这个时期确定。

网店设计稿

首先,我们应该在与客户沟通完毕后设计一个最原始的版面,当与客户达成共识后,再进行各个组件的精确设计。

网店页面组件设计

在进行网店页面组件设计之前,我们可以先将网店店招、素材图案、用于宣传的广告图片及视频动画设计好,最后进行网店效果组合。其实这一部分就是各个成员的工作内容,而分工的目的也在于此,每个人根据专长设计网店中的各个功能组件,同时对客户提供的图片进行调整,对文案进行修饰等,所有素材都准备完成后就可以进行页面的整合。

网店页面设计和校正错误

到此步骤才能算是网店页面设计,也才会真正运用到淘宝装修功能。我们先在淘宝装修中装修首页、新建自定义页面、店铺动态页面等,然后将各个成员设计好的部分进行整合,以完成整个网店的搭建。网店搭建完成后,必须按照客户的意见进一步修改,以及针对网店中所有的功能内容进行测试,确保整个网店内容都正确无误。

因此,在制作工作时间表时,我们要记得将此段测试时间加入时间表中,免得网店搭建完成后没有测试的时间了。

1.6.3 保存与发布时期

在保存与发布时期,只需将整个网店内容在淘宝装修页面中进行保存并发布,就可以将网店的效果展示在淘宝中,或在 PC 端输入 Url 地址打开网上店铺,这就是这个时期工作的重点。

网店装修完毕后进行保存并发布

经过淘宝装修设计与开发的绝大多数网店,还是在 PC 端进行保存并发布的。

在淘宝中查看网店效果

在淘宝装修页面中已保存的网店,我们可以直接在淘宝中搜索店铺名称,也可以在网上直接输入 Url 地址进入网店。

在 PC 端淘宝店铺中添加二维码后，买家可以通过手机扫描二维码，快速进入卖家的手机淘宝店铺。卖家可以将生成的二维码打印出来，或者将其与其他平面媒体放在一起，好的广告及营销手法可以提高商品的市场占有率。

1.6.4 维护更新时期

定期对网店做内容维护及数据更新，是保持网店竞争力和宣传网店的不二法门。我们可定期或是在特定节日时，改变网店的风格样式，这样可以维系网店带给浏览者的新鲜感。而数据更新就是要随时注意的部分，避免商品在市面上已流通了一段时间，但网店中的数据却还是旧数据的状况发生。

另外，网店内容的扩充也是更新的重点之一。在网店创建初期，网店内容和商品种类都会较为单一，但是时间一久，慢慢就会增加内容，让整个网店数据更加完备。因此，我们要多参考其他同类型的网店，或是查阅相关书籍，勤做笔记，多下功夫，这样才能真正让自己的网店立于不败之地。

1.7 网上开店

在淘宝开网店，通常可以将网店分为两类：第一类是实物店铺（出售衣服、首饰、化妆品、鞋包、数码商品、零食、玩具等），第二类是虚拟店铺（出售话费、QQ 业务、游戏点卡、软件、网络服务等）。淘宝网由阿里巴巴公司投资创办，致力于成为全球首选购物网站。现在我们虽然不能说淘宝网是全球首选，但是说它是中国深受欢迎的网购平台绝对是当之无愧的。一般个人开店就是指在淘宝网上开店，下面就以在淘宝网开设店铺为例，为大家介绍一些相关知识、方法及步骤等。

1.7.1 淘宝开设店铺的特点

在淘宝网开店与开实体店铺不同，你只要有一台能够正常上网的电脑就可以了，接下来你只需坐在电脑前查看交易即可，有买家了就通过支付宝收钱，通过快递公司将货物发给买家就可以完成一笔交易，买家和卖家根本不需要见面。淘宝店铺与实体店铺相比具有如下特点。

浏览数量多、店铺人气高

现在淘宝网是中国最大的网店聚合平台之一，大量购买者在不同的店铺浏览，从而为其产生非常大的流量，几乎每一个年轻人都知道在淘宝网可以买到自己需求的商品，这样一个庞大的购买群体在无形中为淘宝聚集了不可估量的人气。

商品丰富

在淘宝网开设店铺不仅能卖东西，还能很方便地找到货源。有些网商足不出户，一个月就可以净赚几万元，而且从发货到收款都有专门的人员代替处理。丰富的货源不仅能节省成本，还能吸引大量的客户前来购买，无形中也增加了淘宝网网商的生意机会。

操作简单、功能全面

淘宝网不但操作简单，而且功能全面，基本上复杂的设计都不需要用户自己处理，旺旺方便了网店卖家和顾客的沟通，支付宝系统也极大地加强了网络安全和诚信体系。在淘宝网开设店铺安全、方便。

成本低

在淘宝网开设店铺创业成本低，没有实体店铺的各种税费、门面租金等。开店注册是免费的，甚至在初期使用时都是免费的。如果需要对店铺进行高档一点儿的装修，我们可以花钱购买一套复合商品的装修模板；在上传宝贝时，有些商品会要求店主交 1000 元的保证金，保证金在店铺不开时是可以取出来的。同时，网店经营不需要水费、电费、管理费等方面的支出，无须专人全天候看守，大大节省了成本。

销售市场广阔

网店依托于互联网，上网的人很有可能成为店铺的浏览者或购买者。网店的市场范围非常广，只要有网络的地方就能做生意，你的顾客可以是中国网民，也可以是其他国家的网民。只要宣传得当、网店特点突出、商品价格合理、经营得法，就会为网店带来不错的访问量，销售量自然就会提高。

经营灵活

网店不是实体店，它是借助互联网进行经营的店铺。经营者可以全职也可以兼职，网店不需要专人进行看守，经营时间比较灵活，只要能够及时回复购买者的咨询就可以，经营者可以通过随身携带智能手机等移动设备进行操作。

网店还不受时间和地域的限制，可以 24 小时全年无休地运营，不用考虑歇业。

1.7.2　淘宝开设店铺的基本流程

在淘宝网开设店铺之前，一定要先到银行办一张具有网银功能的银行卡。在淘宝网中开设店铺的具体步骤如下。

操作步骤

注册会员

1. 对于没有开过网店的新手来说，首先要在淘宝网中注册成为会员。在电脑中打开淘宝网首页，单击左上角的"免费注册"按钮或在网页的右侧登录界面中单击"免费注册"按钮，如图 1-21 所示。

图 1-21 免费注册

2. 单击"免费注册"按钮后，系统会进入"淘宝网账户注册"页面中，首先会弹出一个"注册协议"窗口，阅读完内容后单击"同意协议"按钮，此时在"设置登录名"标签中输入用于注册的手机号码、向左拖动滑块进行注册，再单击"下一步"按钮，如图 1-22 所示。

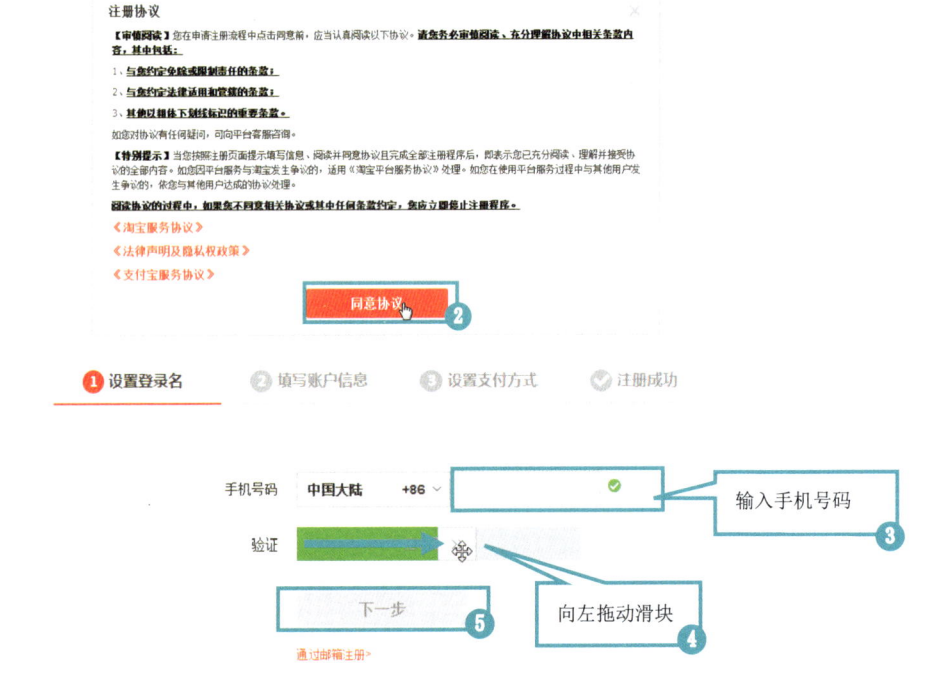

图 1-22 设置登录名

3. 单击"下一步"按钮后，进入"验证手机"界面，将接收到的"校验码"填写完后单击"确定"按钮，如图1-23所示。

图1-23 验证手机

4. 单击"确定"按钮后，进入"填写账户信息"界面，将"登录密码""会员名"填写完后单击"确定"按钮，如图1-24所示。

图1-24 填写账户信息

5. 单击"确定"按钮后，进入"设置支付方式"界面，如图1-25所示。

图 1-25　设置支付方式

6. 单击"获取校验码"按钮后，填写"校验码"并设置支付密码，如图 1-26 所示。

图 1-26　填写支付信息

7. 单击"同意协议并确定"按钮后，完成注册，此时会弹出如图 1-27 所示的页面。

第 1 章　网上开店前期企划

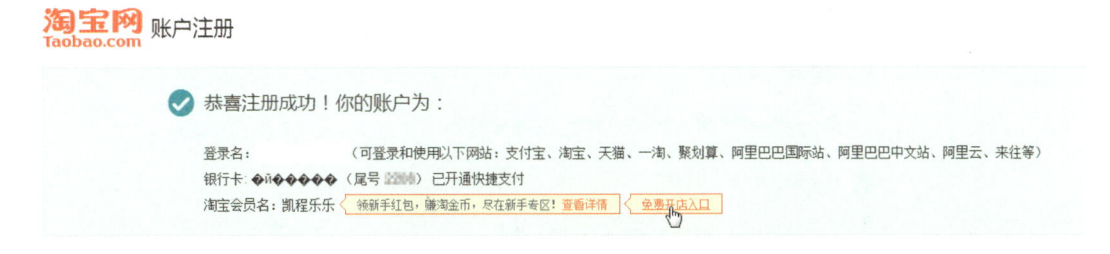

图 1-27　完成注册

免费开店

1．在注册完成的页面中直接单击"免费开店入口"按钮，进入"免费开店"界面，选择"个人店铺入驻"，如图 1-28 所示。

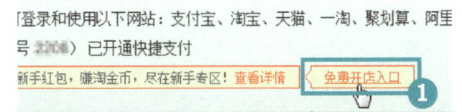

图 1-28　个人店铺入驻

2．单击"个人店铺入驻"按钮后，继续对支付宝进行实名认证，如图 1-29 所示。

图 1-29　支付宝实名认证（1）

3. 单击"立即验证"按钮，继续下一步，如图 1-30 所示。

图 1-30　支付宝实名认证（2）

第 1 章　网上开店前期企划

4. 单击"下一步"按钮，此时完成支付宝实名认证，如图 1-31 所示。

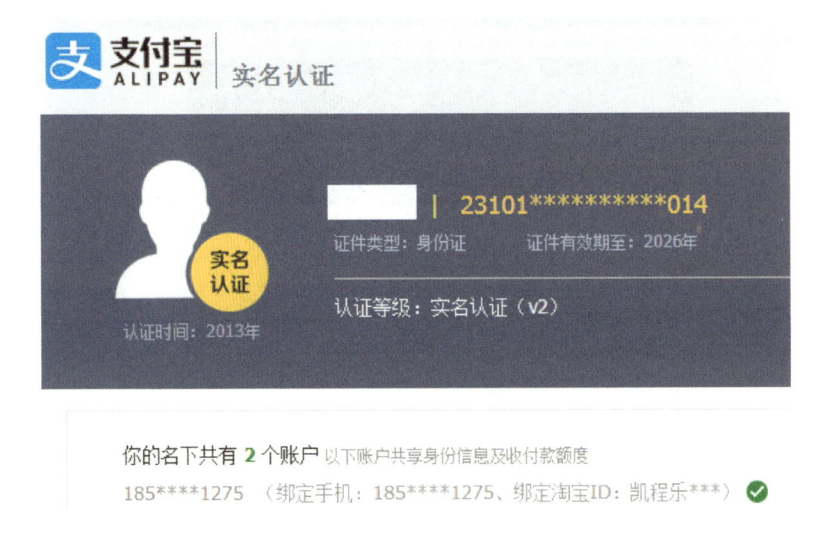

图 1-31　认证完成

5. 返回到"免费开店"页面，刷新页面后，会发现"支付宝实名认证"已经通过，如图 1-32 所示。

图 1-32　支付宝实名认证通过

6. 单击"立即认证"按钮，本章讲解的是传统电子商务，所以在进入"淘宝开店认证"页面中我们选择"电脑认证"标签进行认证，如图 1-33 所示。

29

图1-33　淘宝开店认证

7. 设置完成后单击"提交"按钮，一般要等两天才可以通过验证，通过后就可以进入店铺并上传宝贝经营了。

第 2 章

商品信息采集

【扫码阅读】

本章重点：

- ✦ 通过拍摄采集宝贝
- ✦ 视频的简单编辑
- ✦ 厂家图片下载

说明：请按照文前第Ⅳ页或封底"读者服务"的提示扫描二维码获取本章内容。

第3章

美工在网店中的作用

本章重点：

- ✦ 宝贝图片处理
- ✦ 网店图像多种抠图技巧
- ✦ 图像在网店设计中的作用
- ✦ 文案在网店中的作用

专门为网上店铺进行装修设计的人员，我们称之为网店美工。设计店铺应该了解的知识，就是网店美工应该具备的基本常识。

了解什么是网店美工，从事此职业需要了解并掌握哪些知识，是本章的重要内容。

买家网购时看不到商品实物，图片就顺理成章地成为商品的替代，再卖力的吆喝都抵不上一张精美的图片，所以美工对于电商的重要性就不言而喻了。网店中的图片不只是一张图片这么简单，完美的图文结合更能体现商品的价值。作为网店美工，最应该掌握的基本知识就是宝贝图片处理、文案运用、图文结合及店铺首页的效果装修。

对于专业从事网店美工效果设计的人员来说，掌握并精通 Photoshop 软件才可以胜任图片处理与设计的工作。如果想进一步优化自己的作品，再学习一些矢量绘制方面的软件，例如 CorelDraw、Illustrator、Flash 等，就如虎添翼了。图 3-1 所示为美工设计制作的钻展图。

图 3-1　美工设计制作的钻展图

3.1　宝贝图片处理

网店中出售的商品通常被称为宝贝，如果想在多数同类商品中拔得头筹，就得为宝贝进行精细加工，也就是俗称的图片处理。在处理宝贝图片时，最主要的就是裁剪、倾斜校正、修饰宝贝图片、宝贝图片的调色处理、宝贝图片瑕疵修复。

3.1.1　裁剪与倾斜校正

裁剪与倾斜校正通常是指将不符合大小或角度有一些倾斜的图片，进行正确的裁剪和摆正，此时就应该掌握 Photoshop 软件的相关知识。

33

裁剪

Photoshop 软件中的裁剪功能可以将图片按任意大小进行裁剪，也可以按固定数值进行裁剪，网店需要的图片通常都是有尺寸要求的，如图 3-2 所示。

图 3-2　图片宽度为 520 像素、高度为 280 像素

技巧：在 Photoshop 中进行固定尺寸裁剪时，只要选择 ![裁剪工具图标]（裁剪工具），在属性栏中选择"宽×高×分辨率"，并设置"宽度""高度""分辨率"，在图片中裁剪即可，如图3-3所示。

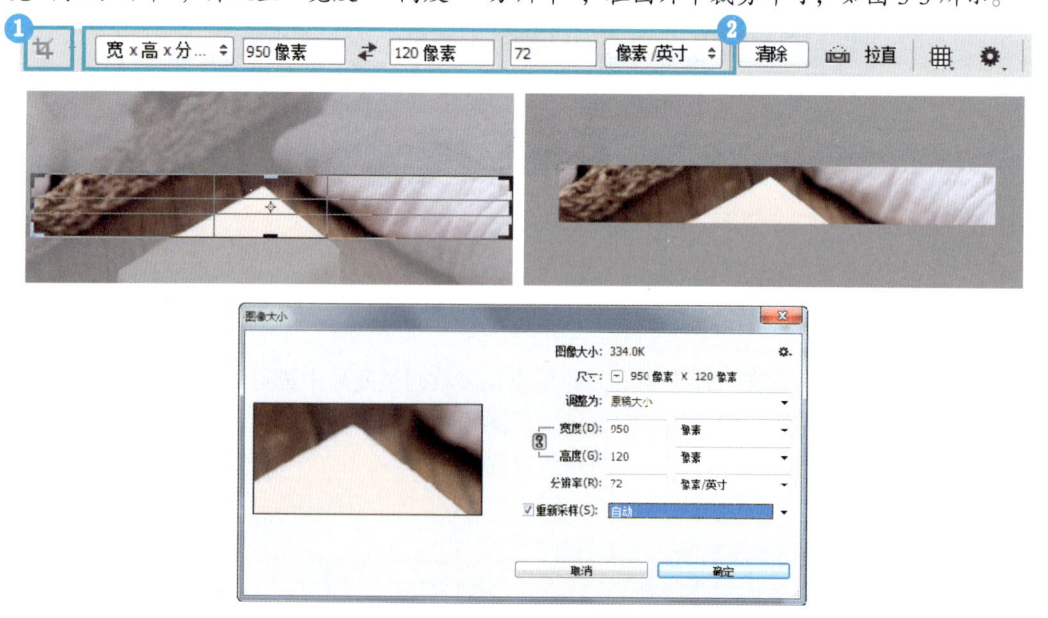

图 3-3　固定尺寸裁剪

网店需要的图片尺寸直接取决于淘宝网的要求，在不同的区域图片的大小是不同的，下面就详细说明各个区域的图片尺寸。

- 店标：文件格式为 GIF、JPG、JPEG、PNG，文件大小在 80KB 以内，建议尺寸为 80 像素×80 像素。
- 店招：宽度为 950 像素，高度建议不超过 120 像素。
- 全屏通栏广告：宽度为 1920 像素，高度尽量根据首屏的高度进行设置，建议在 500～600 像素之间。
- 标准通栏广告：宽度为 950 像素，高度尽量根据首屏的高度进行设置，建议在 500～600 像素之间。
- 轮播图：不同区域的轮播图宽度不同，高度必须在 100～600 像素之间，宽度可以是 1920 像素、950 像素、750 像素和 190 像素。
- 自定义内容区：如果分成左、右两部分，宽度为 190 像素和 750 像素，高度根据广告内容自行设置。
- 宝贝图片：必须是 1∶1 的正方形，宽度和高度可以在 300~500 像素之间。
- 宝贝详情页：宽度 750 像素，高度可以根据内容自行设置。

在手机淘宝店铺中要了解的各个图片尺寸规格如下。

- 店招规格：642 像素×254 像素；格式为 JPG、JPEG、PNG。
- 新客老客规格：建议选择 608 像素×336 像素尺寸的图片；格式为 JPG、PNG。
- 图文类中单列图片模块：建议选择 608 像素×（200~960）像素尺寸的图片；格式为 JPG、PNG。
- 图文类中双列图片模块：建议选择 296 像素×160 像素尺寸的图片；格式为 JPG、PNG。
- 图文类中多图模块：建议选择 248 像素×146 像素尺寸的图片；格式为 JPG、PNG。
- 图文类中焦点图模块：建议选择 608 像素×304 像素尺寸的图片；格式为 JPG、PNG。
- 图文类中左文右图模块：建议选择 608 像素×160 像素尺寸的图片；格式为 JPG、PNG。
- 活动头图片模块：建议选择 640 像素×304 像素尺寸的图片；格式为 JPG、PNG。

倾斜校正

对于图片的倾斜校正，就是通过 Photoshop 快速将图片内容按正确位置进行旋转，并进行二次裁剪，也就是对宝贝图片进行二次构图，具体操作步骤如下。

操作步骤

1. 执行菜单命令"文件/打开"或按 Ctrl+O 组合键，打开本书配套资源中的"素材文件/第 3 章/倾斜照片"素材，如图 3-4 所示。

2. 选择 ❶（裁剪工具）❶后，在属性栏中单击"拉直"按钮 ❷，如图 3-5 所示。

图 3-4 倾斜照片

图 3-5 选择并设置工具

3. 使用 ❶（裁剪工具）在图片中本应为水平的方向上拖动鼠标，从起点 ❸ 拖动到终点 ❹，这里可以以海平面作为水平参考，如图 3-6 所示。

4. 按回车键完成对倾斜图片的校正，如图 3-7 所示。

图 3-6 拖动水平线

图 3-7 校正后的图片

技巧：通过选择 ❑（标尺工具）创建标尺线后，单击"拉直"按钮，可以将倾斜的照片校正过来，再使用 ❑（裁剪工具）对其进行裁剪即可。

温馨提示

在拍摄时，由于角度、距离或相机等因素，常常会使图片中被拍摄的人物或景物产生透视效果，让人看起来非常不舒服，这时我们只要使用 ▯（透视裁切工具）对图片进行几步操作就能将其修复，如图3-8所示。

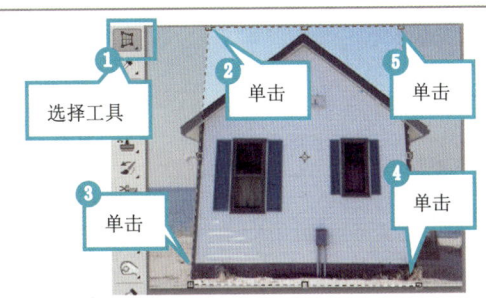

图3-8　校正透视

横幅变直幅

当我们使用数码相机拍摄时，由于相机没有自动转正功能，有时会使输入电脑中的图片由直幅变为横幅，如果将其直接上传到网店中看起来会很不舒服，从而导致商品的成交率大大下降。此时，利用Photoshop快速将横幅图片转换成直幅图片即可，转换方法如下。

操作步骤

1. 启动Photoshop，打开本书配套资源中的"素材/第3章/横幅图片"，如图3-9所示。

图3-9　素材

2. 执行菜单命令"图像/图像旋转",在子菜单中便可以通过相应命令对其进行更改,如图 3-10 所示。

图 3-10　直幅效果

温馨提示　在 Photoshop 中使用"变换"命令对图片进行旋转时,图片的最后显示高度只能是原图横躺时的高度,超出的范围将不会被显示,如图 3-11 所示。

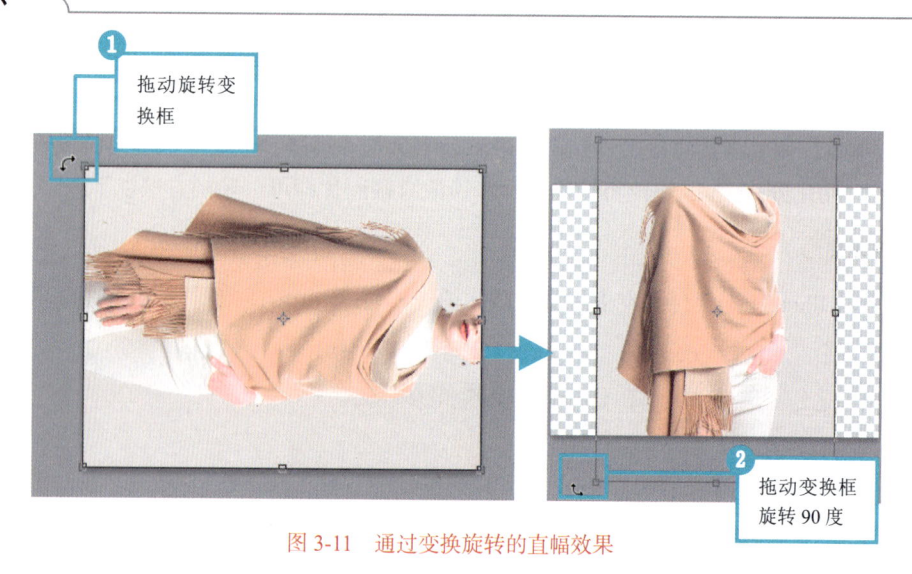

图 3-11　通过变换旋转的直幅效果

第 3 章　美工在网店中的作用

> 校正图片时，应该注意以下几点：
>
> 第一，保持图片的清晰度，不要将图片拉伸或扭曲。
>
> 第二，宝贝图片要居中，大小要合适，不能为了突出细节而造成主体过大，这样会使买家看着不舒服，分不清主次，不能快速了解商品。
>
> 第三，宝贝图片背景不能太乱，要与主体风格相配合。

3.1.2　修饰宝贝图片

如果在网店中展示的商品图片是自己拍摄的，你一定要考虑两个问题：一是让买家看了你的商品图片想购买商品；二是不要让自己辛苦拍摄并处理的商品图片变为他人的商品图片。所以，一定要为图片添加相应的版权保护设置，例如加保护线、水印或说明文字等。

为图片添加保护线

上传到网店中的商品图片有时会被别人盗用，如果不想被别人盗用，可以考虑使用 Photoshop 为图片添加版权保护线，从而减少别人盗用的机会。因为图片被添加保护线后会增加被盗用的难度，所以想盗用图片的人会因修图很烦琐而放弃，图 3-12 所示为添加保护线效果。

图 3-12　添加保护线效果

39

> 温馨提示
>
> 添加的保护线最好不要遮住商品本身,在图片中既要与主体相融合,又要起到保护图片的作用。切记不要抢了图片本来的第一视觉点。

为图片添加文字水印

为图片添加文字水印,除了能增强其专业性和整体感,还能保护自己的图片不被别人盗用。添加的文字水印一般都比较淡,不会影响商品本身的观赏性,如图3-13所示。

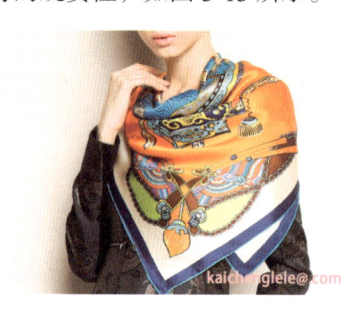

图3-13　添加的文字水印

> 温馨提示
>
> 在为网拍图片添加文字水印时,最好在不影响整体美观的前提下将水印放置到纹理较复杂的区域,这样盗用者修改起来会非常麻烦,间接地保证了网店商品的唯一性。

为图片添加图像商标或图像水印

为图片添加水印,不但可以直接输入文本,还可以将具有店铺特征的图片直接添加到商品图片中。图片性质的水印可以是店铺的商标,也可以是文字与图形相结合的图片,如图3-14所示,这样做也可以防止自己辛苦制作的图片被盗用。

图3-14　添加的图像水印

> 将文字与图片结合后制作成半透明水印，既不会影响商品图片的整体效果，又不会抢了图片本来的视觉点，添加的图片水印最好放置到商品图片的边缘位置，如图 3-15 所示。

图 3-15　添加透明水印

为图片添加情趣对话

网拍商品直接放在网店中销售，如何为商品增加更多的人气，使浏览者以欣赏商品的眼光看待商品，是每个店主都会考虑的事情。如果我们销售的是卡通商品，为商品图片添加一些情趣对话，无疑就会吸引购买者驻足，在买家的购买冲动时间内快速增加其对该商品的喜欢程度，这样成交的概率也会增大，如图 3-16 所示。

图 3-16　添加情趣对话

快速为多张图片添加文本水印

网店中的商品图片会有很多，使用 Photoshop 中的画笔工具定义一个画笔，就可以快速为宝贝图片添加统一类型的文本或图片水印，如图 3-17 所示。

图 3-17　为多张图片添加文本水印

> **温馨提示**
>
> 打开多个素材后，使用画笔便可以添加水印，最好先在图片大致相同的位置添加水印，再将图片上传到网店中。
>
> 快速为多张图片添加同一个水印是一件很费时的事，本例教大家在 Photoshop 中通过定义画笔，使用画笔工具快速添加统一风格的水印。定义画笔并添加水印的具体操作步骤如下。

操作步骤

1. 启动 Photoshop，打开一张商品图片并输入黑色文字，如图 3-18 所示。

图 3-18　素材及键入文字

2. 按 Ctrl+T 组合键调出变换框，拖动控制点将文字旋转，如图 3-19 所示。

图 3-19　旋转变换

3. 按回车键完成变换，按住 Ctrl 键单击文字图层的缩略图，调出文字的选区，如图 3-20 所示。

图 3-20　调出文字选区

温馨提示：在将文字或图像定义成画笔时最好使用黑色，这样画笔的颜色会重一些。

4. 执行菜单命令"编辑/定义画笔预设"，打开"画笔名称"对话框，设置"名称"为"画笔水印"，如图 3-21 所示。

图 3-21　"画笔名称"对话框

5. 设置完毕单击"确定"按钮，按 Ctrl+D 组合键去掉选区，隐藏文字图层，再新建一个图层 1，如图 3-22 所示。

6. 在工具箱中选择 ✍（画笔工具），在"画笔拾色器"中找到"画笔水印"笔触，如图 3-23 所示。

图 3-22　新建图层 1　　　　　　　　　图 3-23　选择笔触

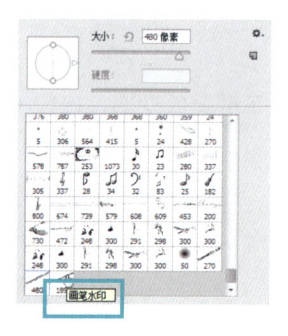

温馨提示　定义的画笔可以应用在打开的不同图片中，对于大小不同的图片，我们只需调整画笔大小即可。

7. 将"前景色"设置为"白色"，"不透明度"设置为 35%，在素材上使用 ✍（画笔工具）单击便可为其添加多个水印，如图 3-24 所示。

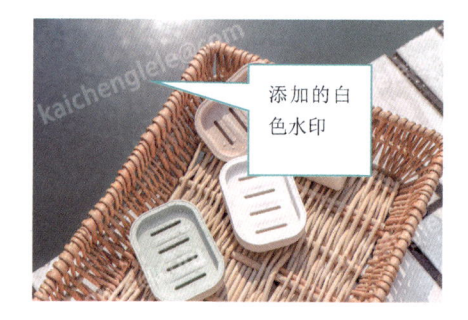

添加的白色水印

图 3-24　最终效果

定义一个图案后，可以将其填充到不同的图片中。定义图案并添加水印的具体操作如下。

操作步骤

1. 执行菜单"文件/新建"命令或按 Ctrl+N 组合键，新建一个正方形的文档，将背景色设置为"黑色"，如图 3-25 所示。

图 3-25　正方形文档

2. 文档新建完毕后，选择 ╱（直线工具），在属性栏中设置参数，如图 3-26 所示。

图 3-26　设置直线参数

3. 使用 ╱（直线工具），在文档中绘制一个十字线，如图 3-27 所示。

图 3-27　绘制十字线

4. 选择两个直线图层，按 Ctrl+E 组合键，将其合并为一个图层，执行菜单命令"图层/栅格化/形状"，将形状图层变成普通图层，如图 3-28 所示。

5. 使用 ▫（矩形选框工具）在中间绘制一个矩形选区，按 Delete 键清除选区内的图像，如图 3-29 所示。

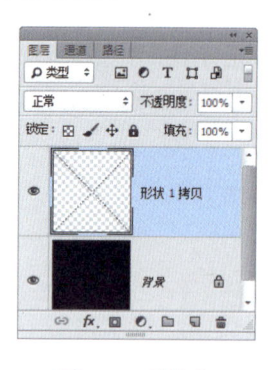

图 3-28　栅格化　　　　　　　　图 3-29　清除选区内的图像

6. 按 Ctrl+D 组合键去掉选区，使用 T（横排文字工具）键入白色文字，如图 3-30 所示。

7. 按 Ctrl+A 组合键调出整个图像的选区，如图 3-31 所示。

图 3-30　键入白色文字　　　　　　图 3-31　调出选区

8. 执行菜单命令"编辑/定义图案"，打开"图案名称"对话框，设置"名称"为"我的图案"，如图 3-32 所示。

图 3-32　设置"图案名称"

9. 设置完毕，单击"确定"按钮，此时会将图案进行保存。打开素材如图 3-33 所示。

第 3 章　美工在网店中的作用

图 3-33　打开素材

10. 在打开的素材中新建一个图层 1，执行菜单命令"编辑/填充"，打开"填充"对话框，设置其中的参数值，如图 3-34 所示。

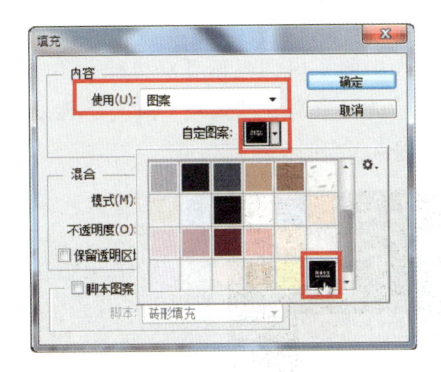

图 3-34　"填充"对话框

技巧：定义后的图案会自动放置到上次使用的图案内容组中。

11. 设置完毕后单击"确定"按钮，效果如图 3-35 所示。

图 3-35　填充后的效果

47

12. 在"图层"面板中，设置"混合模式"为"线性减淡"，"不透明度"为30%，至此本例制作完毕，效果如图3-36所示。

图3-36 最终效果

技巧：根据打开图片素材大小的不同，我们可以执行菜单中的"图层/新建填充图层/图案"命令，在打开的"图案填充"对话框中调整"缩放"即可，最后通过设置"混合模式"和"不透明度"来达到预期效果，如图3-37所示。

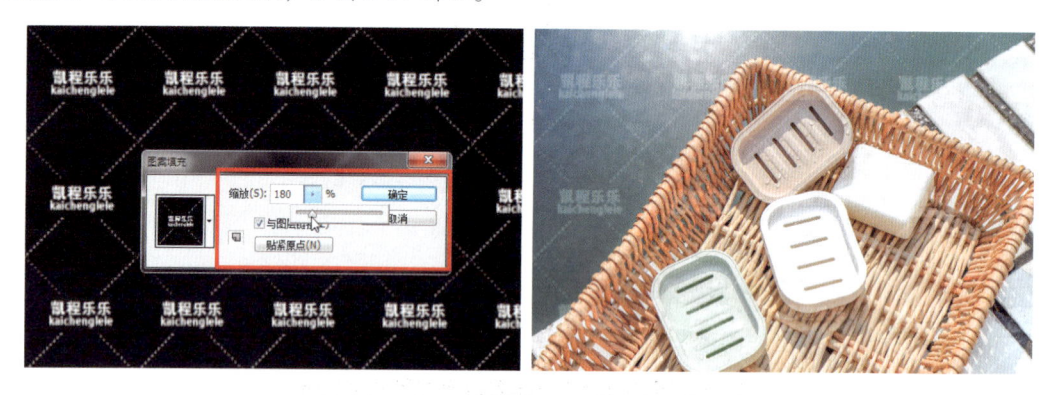

图3-37 图案填充

技巧：定义后的图案可以应用到多张素材中，为其创建统一的防伪标识，如图3-38所示。

图3-38 填充统一的防伪标识

3.1.3 宝贝图片的调色处理

在为宝贝拍摄时并不是所有的图片都能达到理想效果，有时因为环境等因素，拍出来的图片会出现发暗、曝光不足、颜色不正等问题。本节就通过案例为大家讲解利用 Photoshop CC 校正此类问题的方法。

处理曝光不足的图片

在太阳下或光线不足的环境中拍摄时，如果没有做好相机的设定，就会拍出太亮或太暗的图片。如果图片曝光不足，画面会出现发灰、发暗的问题，从而影响图片的质量。要想将图片以最佳状态进行储存，一是在拍照时调整好光圈、角度和位置，以得到最佳效果；二是使用 Photoshop 对拍摄质量不好的图片进行修改，得到最佳效果。本例就为大家讲解如何使用"色阶"命令修正因曝光不足而产生发灰效果的图片，具体操作步骤如下。

操作步骤

1. 启动 Photoshop，打开一张曝光不足的图片，如图 3-39 所示。

2. 通过观察打开的素材，我们会发现图片好像被蒙上了一层灰色，让人看起来十分不舒服。下面我们就将初始的灰色去掉，执行菜单命令"图像/调整/色阶"或按 Ctrl+L 组合键，打开"色阶"对话框，如图 3-40 所示。

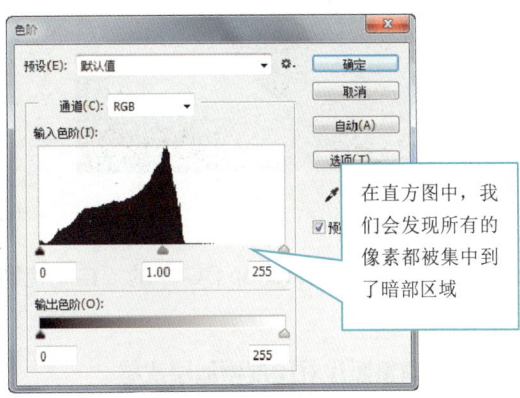

图 3-39　素材　　　　　　　　图 3-40　"色阶"对话框

在直方图中，我们会发现所有的像素都被集中到了暗部区域

3. 向左拖动"高光"控制滑块到有像素分布的区域，如图 3-41 所示。

技巧：在"色阶"对话框中，直接拖动控制滑块可以对图片进行色阶调整，在文本框中直接输入数值同样可以对图片的色阶进行调整。

4. 设置完毕后单击"确定"按钮，此时的图片就没有曝光不足的问题了，如图 3-42 所示。

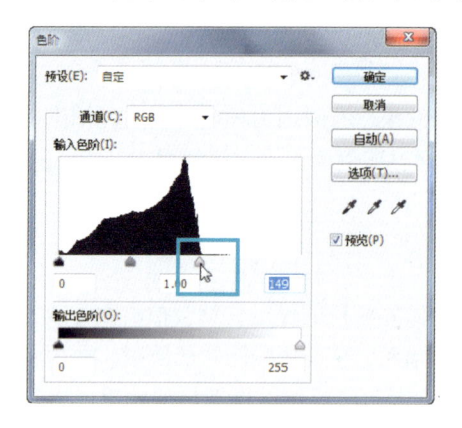

图 3-41　拖动控制滑块　　　　　　　　　　图 3-42　调整后

技巧：对于初学者来说，使用对话框有可能不太习惯，大家可以直接通过命令调整因曝光不足而发灰、发暗的图片，只要执行菜单命令"图像/自动色调"，就可以快速解决图片发灰、发暗的问题，如图 3-43 所示。

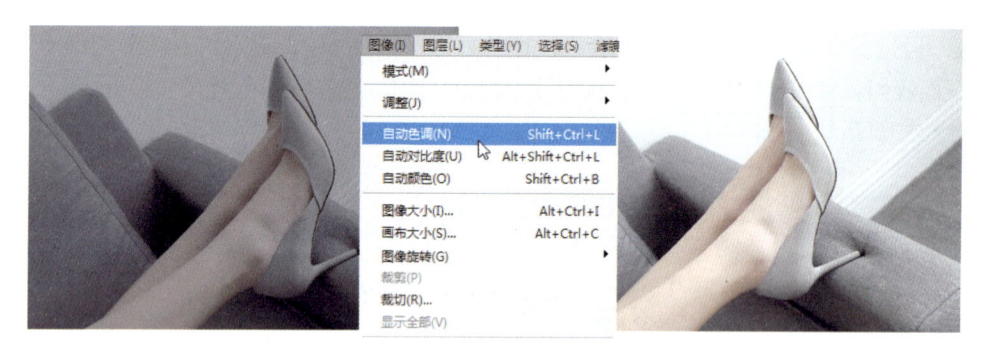

图 3-43　自动色调

注意：Photoshop CC 中的"自动色调"命令，在 Photoshop CS3 之前的版本中为"自动色阶"。

调整照片对比度增加层次感

在拍摄时由于对相机的控制不佳，再加上光线过强，会拍摄出照片整体发白的效果，使其对比不够强烈，下面我们就使用 Photoshop 对发白的照片进行对比度的调整。

操作步骤

1. 启动 Photoshop 并打开一张对比度不强的照片，如图 3-44 所示。

2. 在"图层"调板中单击 ◐.（创建新的填充或调整图层），在弹出的菜单中选择"色阶"命令，打开"色阶"面板，在直方图中将"阴影"控制滑块向有像素分布的右侧拖动，如图 3-45 所示。

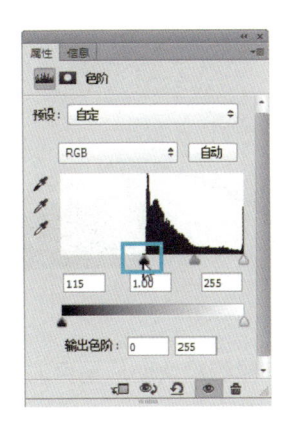

图 3-44　素材　　　　　　　　　图 3-45　拖动控制滑块

3. 调整后，图片的效果如图 3-46 所示。

图 3-46　调整后

技巧：对于初学者来说，使用对话框有可能不太习惯，大家可以直接通过命令调整对比度不强烈的图片，只要执行菜单命令"图像/自动对比度"就可以快速调整。

处理偏色的照片

由于拍摄问题，常常会出现一些偏色的图片，本例就为大家讲解使用 Photoshop 轻松修正图片偏色的问题，以还原相片本色。具体操作步骤如下。

操作步骤

1. 启动 Photoshop，打开一张偏色图片，如图 3-47 所示。

51

2. 从打开的素材中我们看到图片有偏色问题，下面就对其进行处理。执行菜单命令"窗口/信息"，打开"信息"面板，在工具箱中选择 ，设置"取样大小"为"3×3 平均"，如图 3-48 所示。

图 3-47　素材

图 3-48　设置"取样大小"

注意：如果想确认图片是否偏色，最简单的方法就是使用"信息"面板查看图片中灰色的位置，因为灰色属于中性色，这些区域的 RGB 颜色值应该是相等的，如果发现某个数值太高，就可以判断该图片为偏色图片。

温馨提示　在图片中寻找灰色的区域时，可以寻找灰色路灯杆、灰色路面、墙面等。由于不同显示器的色彩都存在一些差异，所以我们最好先使用"信息"面板进行精确判断，再对其进行修正。

3. 要想确定图片是否偏色，只能在灰色区域看 RGB 的数值。选择 后，将鼠标指针移到图片中本应为灰色的飞机机身上，此时在"信息"面板中发现 RGB 数值明显不同，绿色远远高于红色与蓝色，说明图片为多绿问题，如图 3-49 所示。

将鼠标指针移到灰色区域

绿色多

图 3-49　查看 RGB 数值

4. 在"图层"面板中单击"创建新的填充或调整图层"按钮，在弹出的菜单中选择"色阶"命令，打开"色阶"面板，由于图片多绿，所以选择"绿通道"，向右拖动"阴影"控制滑块和"中间调"滑块，使图片中的绿色减少，如图3-50所示。

图 3-50 调整"色阶"

5. 再次将鼠标指针移到灰色区域，在"信息"面板中发现RGB值已经比较接近，证明图片已经不偏色了，如3-51所示。

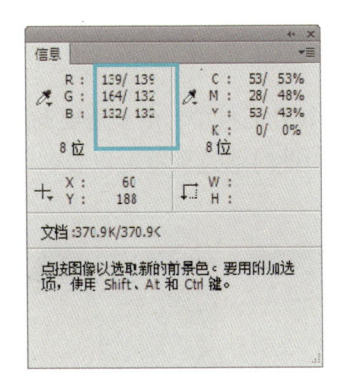

图 3-51 信息面板

技巧：偏色还可以通过"色彩平衡"命令和"曲线"命令进行调整，"曲线"是调整通道内的参数，"色彩平衡"是调整面板中的颜色对比色，如图3-52所示。

图 3-52 调整偏色

操作步骤

1. 启动 Photoshop，打开一张女士卫衣照片，如图 3-53 所示。

2. 在"图层"面板中单击"创建新的填充或调整图层"按钮，在弹出的菜单中选择"色相/饱和度"命令，如图 3-54 所示。

图 3-53　素材　　　　　　　　　　　图 3-54　选择调整图层

3. 在打开的"色相/饱和度"属性面板中，由于需要调整卫衣的颜色，这里我们选择"黄色"，之后拖动"色相"控制滑块，此时通过预览可以看到卫衣的颜色发生了变化，如图 3-55 所示。

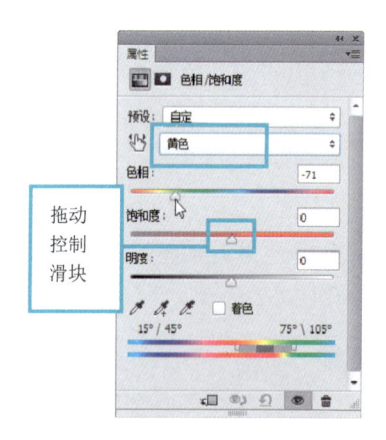

图 3-55　调整"色相/饱和度"

4. 在"色相/饱和度"面板中调整不同"色相"参数，可以得到多种颜色，效果如图 3-56 所示。

第 3 章　美工在网店中的作用

图 3-56　调整颜色

技巧：在"色相/饱和度"面板中调整颜色时，如果选择的是单色，就只对选取的颜色进行调整；如果选择的是全图，就对所有颜色进行调整。创建选区后可以只对选区内的图像进行调整，如图 3-57 所示。灰度图像要想改变色相，必须先勾选"着色"复选框。

图 3-57　调整局部颜色

3.1.4　宝贝图片的瑕疵修复

在网店中出售商品是离不开图片的，如果只用文字描述商品，就会大大降低买家对该商品

55

的兴趣。一张好的商品图片不但可以直观地展示该商品的图形信息，还能让买家看到商品的主要特色，从而增加成交的概率，为店主创造利润。对于大多数店主来说，拍好一张商品图片不是一件容易的事情，环境光线、商品摆放角度、没有移走的其他物品或照相机自动添加的日期等都会对图片造成影响，如图 3-58 所示。

图 3-58　照片中的瑕疵

内容识别填充修复照片中的污点

内容识别填充可以结合选区将图片中的多余部分进行快速修复，例如修复宝贝边缘的杂物、背景中的人物、宝贝上的污渍等。该功能主要是用选区外部周围的像素，将选区内部的像素进行融合修复，具体操作步骤如下。

操作步骤

1. 启动 Photoshop，打开一张素材，如图 3-59 所示。

2. 在打开的素材中明显可以看到有几处黑色的区域，使用 ○（椭圆选框工具）在黑色污点上创建椭圆选区，确保黑色污点被圈进选区中，如图 3-60 所示。

创建的选区

图 3-59　素材　　　　　　　　　　图 3-60　创建选区

第 3 章　美工在网店中的作用

3. 执行菜单命令"编辑/填充",打开"填充"对话框,在"使用"下拉列表中选择 "内容识别"选项,如图 3-61 所示。

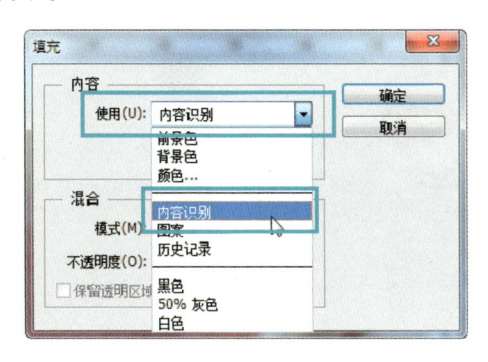

图 3-61　"填充"对话框

4. 设置完毕单击"确定"按钮,此时发现选区内的污点已经被清除了,按 Ctrl+D 组合键去掉选区,最终效果如图 3-62 所示。

图 3-62　最终效果

污点修复画笔工具修复照片中的瑕疵

使用 （污点修复画笔工具）可以十分轻松地将图片中的瑕疵修复。该工具的使用方法非常简单,只要将鼠标指针移到要修复的位置,再拖动鼠标便可对图片进行修复。原理是使修复区周围的像素与之相融合来完成修复结果。

（污点修复画笔工具）常用于快速修复图片,如图 3-63 所示。

57

图 3-63　修复

> **提示**：在使用污点修复画笔工具修复图片时，最好将画笔调整得比污点大一些，如果修复区边缘的像素反差较大，建议在修复区的周围先创建选取范围，再进行修复。

修复画笔工具修复图片中的水印

使用 🖌（修复画笔工具）可以对被破坏的图片或有瑕疵的图片进行修复。使用该工具进行修复时首先要进行取样（取样方法为按住 Alt 键在图像中单击），使用鼠标在被修复的位置上涂抹。使用样本像素进行修复的同时可以把样本像素的纹理、光照、透明度和阴影与所修复的像素融合。🖌（修复画笔工具）一般常用于修复瑕疵图片。

🖌（修复画笔工具）的使用方法是在需要被修复的图像周围按住 Alt 键单击鼠标设置源文件的选取点❶后，松开鼠标将指针移动到要修复的地方按住鼠标跟随目标选取点拖动❷，便可以轻松修复❸，修复图像的过程如图 3-64 所示。

第 3 章　美工在网店中的作用

按住 Alt 键在瑕疵边缘处取样　①

② 取样后将鼠标放置到瑕疵区域拖动进行修复

③ 修复完毕

图 3-64　修复瑕疵

在网上下载的图片难免会有水印，（修复画笔工具）可以非常轻松地将水印清除，具体操作如下。

操作步骤

1. 启动 Photoshop，打开一张有水印的"水印照片.jpg"素材，如图 3-65 所示。

2. 选择（修复画笔工具），在选项栏中设置"画笔"直径为"25"，"模式"为"正常"，勾选"取样"单选框，按住 Alt 键，在水印下面的蓝条边缘处单击鼠标左键进行取样，如图 3-66 所示。

图 3-65　素材　　　图 3-66　设置"修复画笔工具"并取样

按住 Alt 键取样

温馨提示　使用（修复画笔工具）修复图片，取样时最好按照被修复区域应该存在的像素，在附近进行取样，这样能将图片修复得更好一些。

3. 取样完毕后，将鼠标移到水印文字上，拖动鼠标覆盖整个文字区域，反复取样对水印进行修复，过程如图 3-67 所示。

59

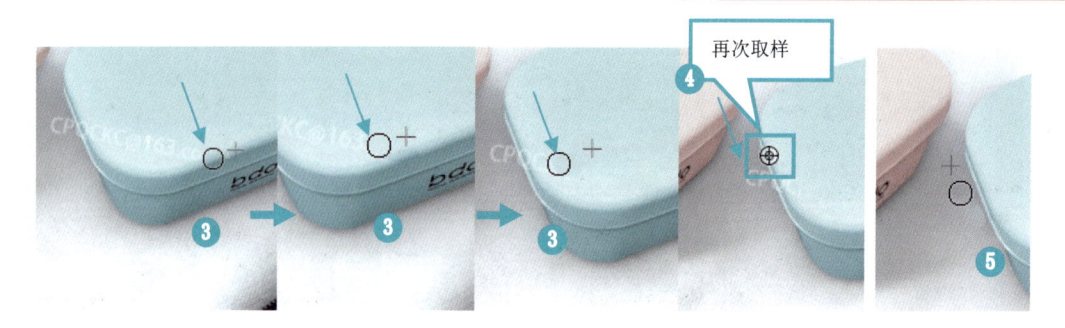

图 3-67　修复过程

4. 使用同样的方法，将修复后产生的边缘，再进一步修复，使图片看起来更加完美，效果如图 3-68 所示。

图 3-68　修复后

修补工具清除图片中的日期

现在的照相机在拍摄的时候会留下拍摄日期，如果我们没有将该功能关闭，在拍摄时就会出现当时的日期。出现日期的图片是不适合作为商品图片的，此时就需要通过 Photoshop 将图片中的日期清除。

（修补工具）会将样本像素的纹理、光照和阴影与源像素进行匹配。（修补工具）常用于快速修复瑕疵较少的图片，修复的效果与（修复画笔工具）的效果差不多，只是使用方法不同，该工具的使用方法是通过创建的选区来修复目标或源。具体修复过程如图 3-69 所示。

第 3 章　美工在网店中的作用

图 3-69　修复过程

技巧：在使用 ◉（修补工具）修补图片时，可以使用其他的选区工具创建选区范围。

用于拍摄的数码相机会将拍摄的日期添加到图片中，如果直接使用图片，在视觉上一定会影响美观，使用 ◉（修补工具）可以十分轻松地将日期清除，具体操作步骤如下。

操作步骤

1. 启动 Photoshop，打开一张带有拍摄日期的图片，如图 3-70 所示。

2. 选择 ◉（修补工具），在属性栏中选择"修补"为"内容识别"、"适应"为"中"，使用 ◉（修补工具）在图片的文字区域按住鼠标拖动创建选区，如图 3-71 所示。

图 3-70　素材　　　　　　　图 3-71　设置"修补工具"

61

3. 创建完选区后，在选区内按下鼠标并向右上方拖动，拖动的同时尽量找与文字背景相近的图片区域，如图 3-72 所示。

4. 松开鼠标系统会自动将其修复。按 Ctrl+D 组合键去掉选区，完成修补，效果如图 3-73 所示。

图 3-72　修补过程　　　　　　　　图 3-73　最终效果

> **温馨提示**：在 ▣（修补工具）修复瑕疵时，可以使用任何选取工具创建选区。

将模糊图片调清晰

当使用照相机进行网拍时，受外界环境的影响，常常会使图片有一种模糊的感觉，或者由于拍摄技术，很多图片都会变得有些模糊。此时只要使用 Photoshop 进行锐化处理，便可以将图片变得清晰一些，具体的操作步骤如下。

操作步骤

1. 启动 Photoshop，打开一张有些模糊的图片，如图 3-74 所示。

图 3-74　素材

第 3 章　美工在网店中的作用

2. 按 Ctrl+J 组合键，复制背景图层得到一个图层 1，如图 3-75 所示。

3. 执行菜单命令"滤镜/其他/高反差保留"，打开"高反差保留"对话框，设置"半径"为"1.6"，如图 3-76 所示。

4. 设置完毕单击"确定"按钮，效果如图 3-77 所示。

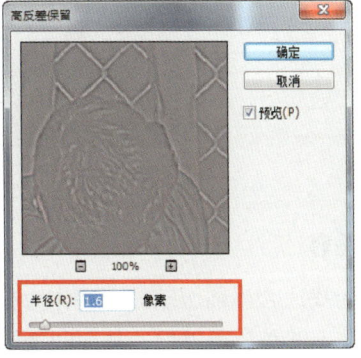

图 3-75　复制图层　　　　图 3-76　"高反差保留"对话框　　　　图 3-77　高反差保留后

5. 设置"混合模式"为"强光"，效果如图 3-78 所示。

图 3-78　设置"混合模式"

6. 在"图层"面板中单击"创建新的填充或调整图层"按钮，在弹出的菜单中选择"曲线"命令，打开"曲线"属性面板，在面板中向右拖动"阴影"控制点，向左拖动"高光"控制点，效果如图 3-79 所示。

7. 至此锐化处理过程完毕，最终效果如图 3-80 所示。

技巧：处理一般的模糊照片，我们只要执行菜单命令"滤镜/锐化/锐化"或执行菜单命令"滤镜/锐化/USM 锐化"，在弹出的对话框中根据预览进行参数调整，即可将图片调整清晰。

63

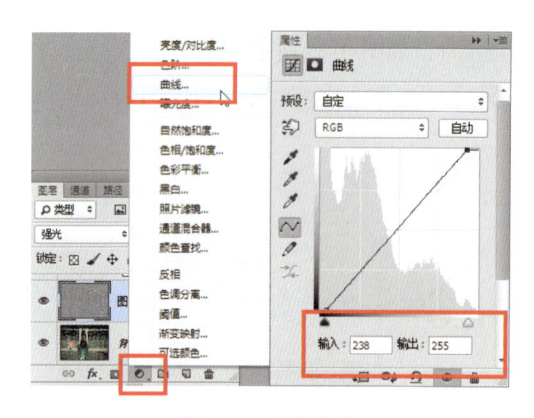

图 3-79　调整曲线　　　　　　　　　　　图 3-80　最终效果

对服装模特的面部进行磨皮美容

在为服装拍摄图片时，往往会找适合当前服装的模特作为拍摄载体，但是有时会因为光线或对照相机不熟悉而造成模特肌肤不够美、不够白，从而间接影响服装的呈现效果。再美的服装也要模特来衬托，漂亮的模特会大大提升服装本身的价值。本例就教大家如何为图片中的服装模特磨皮，具体操作步骤如下。

操作步骤

1. 启动 Photoshop，打开一张需要为人物祛斑的照片，如图 3-81 所示。

2. 选择 （污点修复画笔工具）❶，在属性栏中设置"模式"为"正常"、"类型"为"内容识别"❷，在人物面部雀斑较大的位置单击❸，对其进行初步修复，如图 3-82 所示。

图 3-81　素材　　　　　　　　　　　图 3-82　使用污点修复画笔工具

3. 执行菜单命令"滤镜/模糊/高斯模糊"，打开"高斯模糊"对话框，设置"半径"为"6.5"❹，如图 3-83 所示。

64

第 3 章 美工在网店中的作用

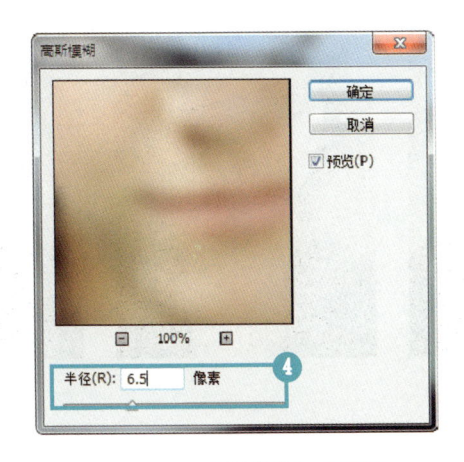

图 3-83 "高斯模糊"对话框

4. 设置完毕单击"确定"按钮，效果如图 3-84 所示。

5. 选择 ❷（历史记录画笔工具）❺，在属性栏中设置"不透明度"为 38%、"流量"为 38% ❻，执行菜单命令"窗口/历史记录"，打开"历史记录"面板，在面板中"高斯模糊"步骤前单击调出恢复源 ❼，再选择最后一个"污点修复画笔"选项 ❽，使用 ❷（历史记录画笔工具）在人物的面部涂抹 ❾，过程如图 3-85 所示。

图 3-84 模糊后　　　　　　　　　　图 3-85 恢复

温馨提示　　在使用 ❷（历史记录画笔工具）恢复某个步骤时，将"不透明度"与"流量"设置得小一些，可以避免恢复过程中出现较生硬的效果，可以在同一点进行多次涂抹修复，这样不会对图片造成太大的破坏。

6. 使用 ❷（历史记录画笔工具）在人物面部需要美容的位置进行涂抹，可以在同一位置进行多次涂抹，修复过程如图 3-86 所示。

65

图 3-86　修复过程

7. 在人物的皮肤上进行精心的涂抹，直到自己满意为止，效果如图 3-87 所示。

图 3-87　磨皮后

温馨提示　在对因拍摄环境导致肤色较暗的模特或本身皮肤较黑的模特进行肤色美白时，可以通过"色阶"调整命令或直接使用 🔍（减淡工具）在模特的皮肤处涂抹，这样可以快速对模特的皮肤进行美白。

3.2　网店图片多种抠图技巧

无论是为单一的商品替换背景，还是为一系列商品统一背景，都需要对商品本身进行抠图。如果制作商品的合成广告，就更少不了抠图这个过程。本节主要为大家介绍如何通过各种抠图方法对网拍的商品进行背景替换，使商品本身更突出，从图片视觉上引起买家的注意，从而间接增加网店销量，图 3-88 所示为图片更换背景前后的对比。

图 3-88　网店中替换背景的商品

3.2.1　规则形状抠图

　　想将拍摄好的商品图片整体移到自己喜欢的背景中,就要对图片进行规则几何抠图,常用的工具就是选区工具组中的▭(矩形选框工具)和◯(椭圆选框工具)。这两个工具的使用方法大致相同,都是在图片中按住鼠标,并向对角线方向拖动,松开鼠标即可创建选区,如图 3-89 所示。

图 3-89 规则选区的创建

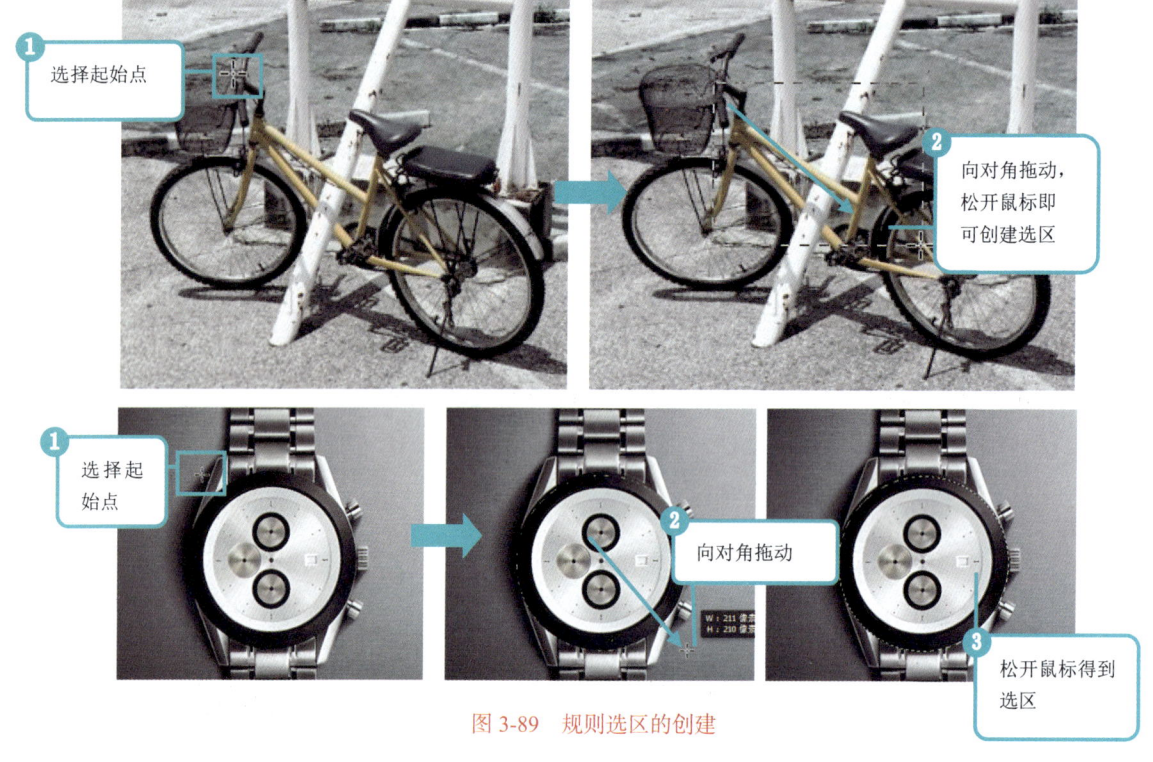

技巧：绘制矩形选区的同时按住 Shift 键，可以绘制出正方形选区。绘制椭圆形选区的同时按住 Shift 键，可以绘制出圆形选区。选择起始点后，按住 Alt 键，以起始点为中心向外创建椭圆形选区；选择起始点后，按住 Alt+Shift 键，以起始点为中心向外创建圆形选区。

矩形选区替换图片背景

[矩形] （矩形选框工具）主要应用在对图片选区要求不太严格的矩形图片中，例如抠图对象为手机、书籍等的图片。具体的抠图方法如下。

操作步骤

1. 启动 Photoshop，打开本书配套资源中的"素材/第 3 章/S9 和 S9 背景"，如图 3-90 所示。

2. 将 S9 素材作为当前编辑对象，在工具箱中选取[矩形]（矩形选框工具）后，在手机正面周围创建选区，如图 3-91 所示。

3. 执行菜单命令"选择/修改/平滑"，打开"平滑选区"对话框，设置"取样半径"为"15"，单击"确定"按钮，如图 3-92 所示。

第 3 章　美工在网店中的作用

图 3-90　素材

图 3-91　创建选区

在图像中拖动并创建选区

图 3-92　设置"取样半径"

4. 使用 （移动工具）将选区内的图像拖动到"S9 背景"中，调整手机大小完成背景替换，效果如图 3-93 所示。

图 3-93　替换背景

69

椭圆选区替换图片背景

◯（椭圆选框工具）主要应用在椭圆形或圆形对象中，例如钟表、足球等，使用方法与 ▭（矩形选框工具）大致相同，具体操作流程如图 3-94 所示。

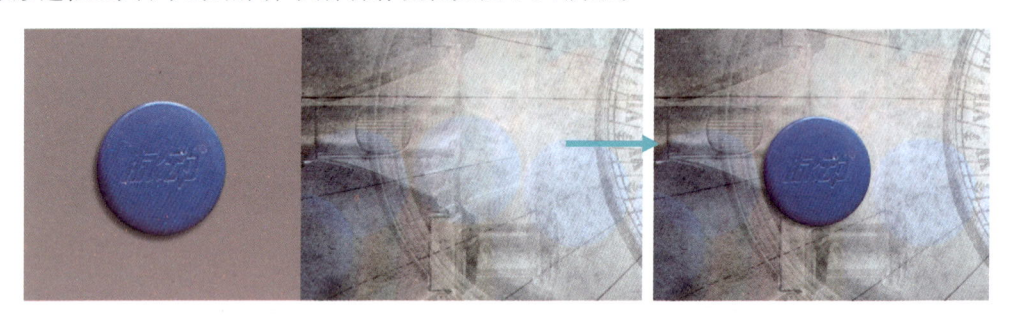

图 3-94　椭圆选区替换背景

温馨提示：在使用矩形选框工具或椭圆选框工具创建选区后抠图时，如果设置不同的羽化值，可以使两张图片之间融合得更加贴切，图 3-95 所示的效果分别为羽化值设置为 0、30、60 和 120 时替换背景的效果。

羽化值为 0　　羽化值为 30　　羽化值为 60　　羽化值为 120

图 3-95　不同羽化值抠图的效果

3.2.2　简单背景抠图

在对拍摄的商品图片进行抠图时，如果背景色是单色的，抠图时可以使用 ![] （魔术橡皮擦工具）、![] （快速选择工具）和 ![] （魔棒工具），这三种工具可以通过智能运算的方式进行图片选取。

魔术橡皮擦抠图

使用 ![] （魔术橡皮擦工具）可以快速去掉图片的背景。该工具的使用方法非常简单，只要选择要清除的颜色范围，单击即可将其清除，删除背景色后的图片可以直接拖动到新背景图片中，如图 3-96 所示。

图 3-96　魔术橡皮擦抠图

快速选择工具抠图

使用 ![] （快速选择工具）可以快速在图片中对需要选取的部分创建选区，快速选择工具的使用方法非常简单，选择该工具后，在图片中拖动指针便可将经过的地方创建选区。下面以实例进行讲解，具体操作步骤如下。

操作步骤

1. 启动 Photoshop，打开一张人物素材图片，如图 3-97 所示。

2. 在工具箱中选择 ![] （快速选择工具）❶，再在属性栏中设置"画笔直径"为"23"❷，在人物上按下鼠标拖动创建选区，如图 3-98 所示。

图 3-97　素材　　　　　　　　　　　图 3-98　创建选区

3. 使用 ![] （快速选择工具）在人物上按下鼠标并拖动，创建整个选区，如图 3-99 所示。

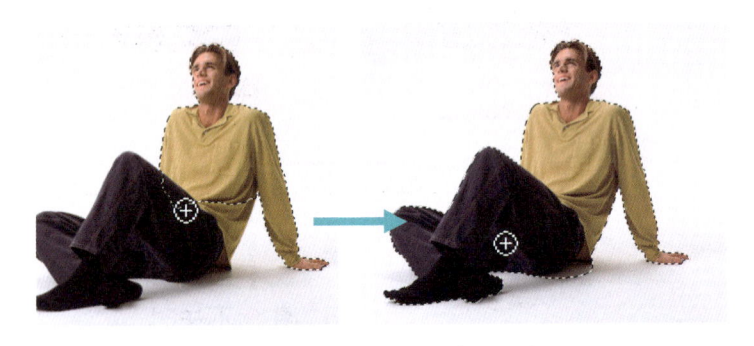

图 3-99　创建选区过程

4. 选区创建完毕后，我们发现人物臀部位置有一处多余的部分，下面我们就将其刨除，方法是：在属性栏中单击 ![] （从选区中减去）❸，使用 ![] （快速选择工具）在多余选区处拖动刨除选区，如图 3-100 所示。

5. 选区创建完毕后，抠图也就成功了，打开"风景"素材，使用 ![] （移动工具）将"人物"素材中的选区图像拖动到"风景"素材中,完成背景替换,如图 3-101 所示。

图 3-100　创建选区过程　　　　　　　　　图 3-101　最终效果

魔棒工具抠图

　　（魔棒工具）能选取图片中颜色相同或相近的像素,像素之间可以是连续的,也可以是不连续的。通常情况下,使用　（魔棒工具）可以快速创建图片颜色相近像素的选区,创建选区的方法非常简单,只要在图片的某种颜色像素上单击,系统便会自动以该选取点为样本创建选区,反选选区后,可以将图片移动到新背景中,如图 3-102 所示。

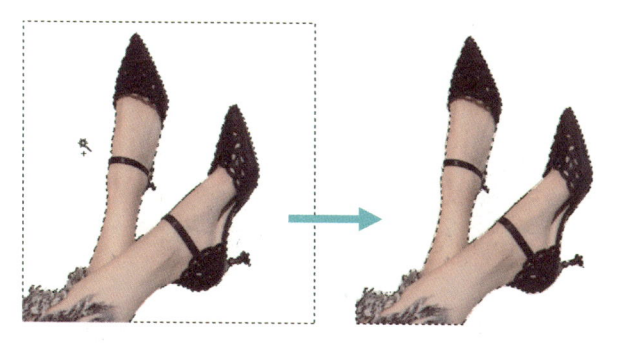

图 3-102　替换背景

73

3.2.3 复杂图形抠图

拍摄商品的类型不同，形状也会不同，在对不规则形状的宝贝进行抠图时，就需要使用一些操作比较复杂的工具。本节为大家介绍一下 ▱（多边形套索工具）、▱（磁性套索工具）和 ▱（钢笔工具）的使用方法。

多边形套索工具

▱（多边形套索工具）通常用来创建较为精确的选区。创建选区的方法也非常简单，在不同位置上单击鼠标，即可将两点以直线的形式连接，在起始点与终点相交时单击即可得到选区，如图 3-103 所示。

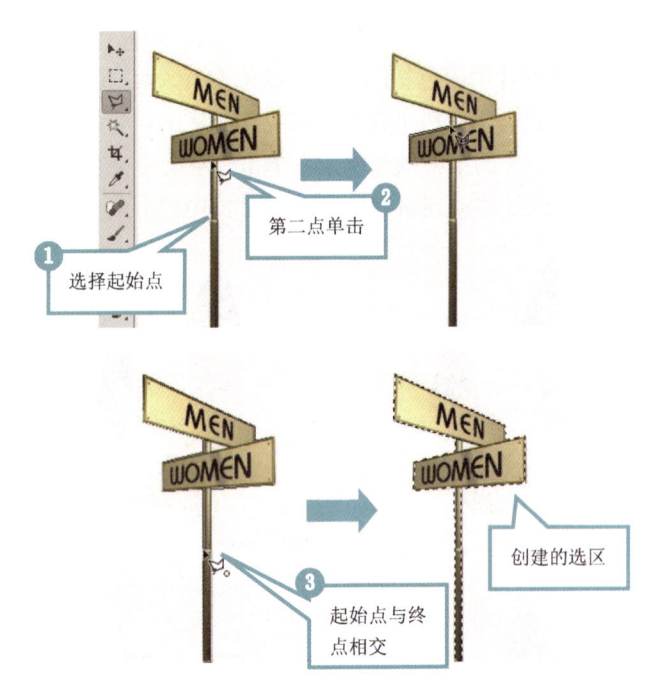

图 3-103　创建多边形选区

技巧：在使用 ▱（多边形套索工具）绘制选区时，按住 Shift 键可沿水平、垂直或 45 度角的方向绘制选区；在终点没有与起始点重叠时，双击鼠标或按住 Ctrl 键的同时单击鼠标即可创建封闭选区。

磁性套索工具

▱（磁性套索工具）可以在图片中自动捕捉具有反差颜色的图片边缘，并以此来创建选区，此工具常用于处理背景复杂但边缘对比度较强烈的图片。创建选区的方法也非常简单，在图片中选择起始点后沿物体的边缘拖动鼠标即可自动创建选区，如图 3-104 所示。

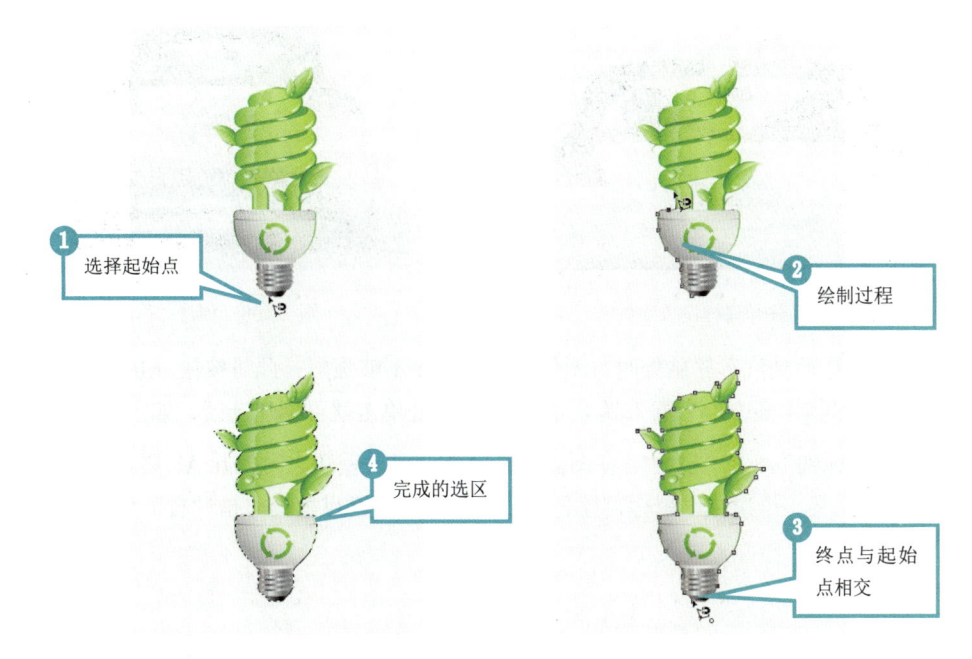

图 3-104　使用磁性套索工具创建多边形选区

技巧：在使用 创建选区时，单击鼠标也可以创建矩形标记点，用来确定精确的选区；按键盘上的 Delete 键或 Backspace 键，可按照顺序撤销矩形标记点；按 Esc 键可以消除未完成的选区。在使用 创建选区时按住 Alt 键，可以变为 ，松开 Alt 键后，单击鼠标即可将工具恢复成 。

磁性套索工具与多边形套索工具结合进行抠图

本节为大家讲解 和 结合使用的方法，以及如何对商品创建选区并抠图。因为本节主要为大家讲解两个工具如何配合使用进行抠图，所以为大家选取了一张汽车素材作为练习对象，具体操作步骤如下。

操作步骤

1. 启动 Photoshop，打开一张汽车素材，在工具箱中选择 ，在属性栏中设置"羽化"为 1、"宽度"为 10、"对比度"为 10%、"频率"为 57，在汽车顶部单击创建选区点，如图 3-105 所示。

2. 沿汽车边缘拖动鼠标，此时会发现 会在汽车边缘创建锚点，如图 3-106 所示。

图 3-105　打开素材设置属性 　　　　　　　图 3-106　创建过程

3. 当鼠标拖动到汽车轮胎处时，图像的像素对比不够强烈，此时按住 Alt 键将 （磁性套索工具）变为 （多边形套索工具），然后在边缘处单击就可创建选区，如图 3-107 所示。

4. 移动鼠标到汽车的左上边，在图像边缘像素变得反差较大时松开 Alt 键，将工具恢复成 （磁性套索工具）继续拖动鼠标创建选区，在起始点与终点相交时指针右下角会出现一个圆圈，如图 3-108 所示。

图 3-107　转为多边形套索工具 　　　　　　图 3-108　转为磁性套索工具

5. 在起始点与终点相交时单击即可创建选区，如图 3-109 所示。

6. 打开一张路面素材，使用 （移动工具）将"汽车"拖动到"路面"文档中，如图 3-110 所示。

7. 使用 （多边形套索工具）沿汽车窗户边缘创建选区，如图 3-111 所示。

8. 按 Ctrl+X 组合键剪切，再按 Ctrl+V 组合键粘贴，设置粘贴后图层 2 的"不透明度"为 50%，如图 3-112 所示。

图 3-109　创建选区　　　　　　　　图 3-110　移入选区内的图像

图 3-111　创建选区　　　　　　　　图 3-112　设置"不透明度"

9. 键入合适的广告语，至此本次抠图替换背景制作完毕，效果如图 3-113 所示。

图 3-113　最终效果

钢笔工具抠图

使用 ![pen] （钢笔工具）可以精确地绘制出直线或光滑的曲线，还可以创建形状图层。

77

该工具的使用方法也非常简单。只要在页面中选择一个点单击，再移动到下一点单击，就会创建直线路径；在下一点按下鼠标并拖动会创建曲线路径，按回车键绘制的路径会形成不封闭的路径；在绘制路径的过程中，当起始点的锚点与终点的锚点相交时，鼠标指针会变成形状，此时单击鼠标，系统会将该路径创建成封闭路径。

首先，要创建路径。

使用（钢笔工具）绘制直线路径、曲线路径和封闭路径的方法如下。

操作步骤

1. 启动 Photoshop 并新建一个空白文档，选择（钢笔工具）后，在页面中选择起始点单击❶，移动到另一点后再单击❷，会得到直线路径，如图 3-114 所示。按回车键直线路径绘制完毕。

2. 新建一个空白文档，选择（钢笔工具）后，在页面中选择起始点单击❶，移动到另一点❷后按下鼠标并拖动，会得到曲线路径，如图 3-115 所示。按回车键曲线路径绘制完毕。

图 3-114　直线路径　　　　　　图 3-115　曲线路径

3. 新建一个空白文档，选择（钢笔工具）后，在页面中选择起始点单击❶，移动到另一点❷后按下鼠标并拖动，松开鼠标后拖动到起始点❸，单击会得到封闭路径，按回车键封闭路径绘制完毕，如图 3-116 所示。

图 3-116　封闭路径

第 3 章 美工在网店中的作用

其次，将路径转换为选区。

通过 ✐（钢笔工具）创建的路径是不能直接进行抠图的，此时我们只要将创建的路径转换为选区，就可以应用 ▶✥（移动工具）将选区内的图像移动到新背景中完成抠图。在 Photoshop 中将路径转换为选区的方法很简单，可以直接按 Ctrl+Enter 组合键将路径转换为选区，还可以通过"路径"面板中的 ◯（将路径作为选区载入）按钮将路径转换为选区；在 Photoshop CC 中可以直接在属性栏中单击"建立选区"按钮 选区... 将路径转换为选区；或者在弹出菜单中执行"建立选区"命令，将路径转换为选区，如图 3-117 所示。

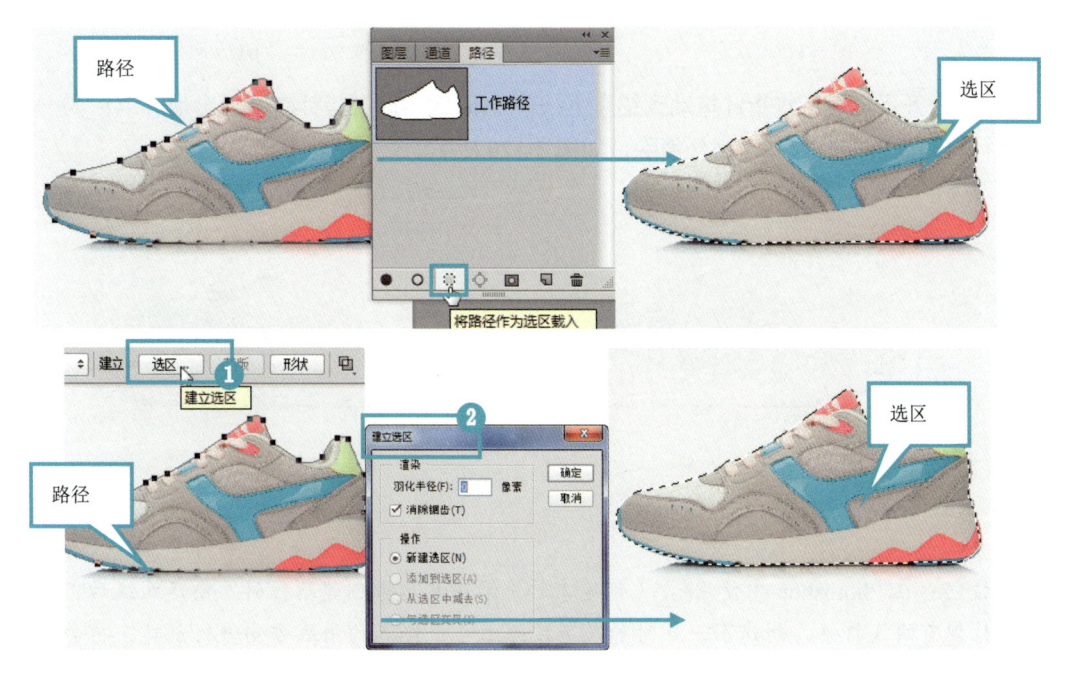

图 3-117　将路径转换为选区

本节为大家讲解如何使用 ✐（钢笔工具）为复杂的女鞋进行抠图，在抠图的过程中主要了解 ✐（钢笔工具）在实际操作中的使用方法及技巧。具体的操作步骤如下。

操作步骤

1. 启动 Photoshop，打开一张女鞋照片，如图 3-118 所示。

2. 选择 ✐（钢笔工具）后，在属性栏中选择"模式"为"路径"，然后在图片中的鞋子边缘单击创建起始点，沿边缘移动到另一点按下鼠标，创建路径连线后拖动鼠标将连线调整为曲线，如图 3-119 所示。

79

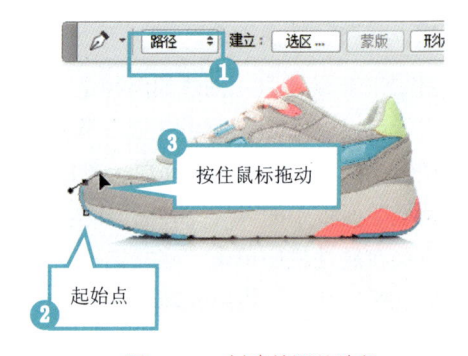

图 3-118　素材　　　　　　　　　　　图 3-119　创建并调整路径

3. 松开鼠标后，将指针拖动到锚点上按住 Alt 键，此时指针右下角出现一个符号，单击鼠标将后面的控制点和控制杆消除，如图 3-120 所示。

图 3-120　消除控制点和控制杆

技巧：在 Photoshop 中使用 （钢笔工具）沿图片边缘创建路径时，创建曲线后当前锚点会同时拥有曲线特性，创建下一点时如果不按照上一个锚点的曲线方向进行创建，将会出现路径不能按照自己的意愿进行调整的尴尬局面，此时我们只要按住 Alt 键在曲线的锚点上单击，就可以取消锚点的曲线特性，在进行下一点曲线创建时就会非常容易，如图 3-121 所示。

图 3-121　取消锚点特性的前后对比

第 3 章　美工在网店中的作用

4. 到下一点按住鼠标并拖动创建贴合图像的路径曲线，再按住 Alt 键在锚点上单击，如图 3-122 所示。

图 3-122　创建路径并编辑

5. 使用同样的方法在鞋子边缘创建路径，过程如图 3-123 所示。

图 3-123　创建路径

6. 当起始点与终点相交时，指针右下角会出现一个圆圈，单击鼠标完成路径的创建，如图 3-124 所示。

图 3-124　创建路径

7. 路径创建完毕后，按 Ctrl+Enter 组合键将路径转换为选区，如图 3-125 所示。

81

图 3-125　将路径转换为选区

8. 打开一张背景图，将抠取的素材拖动到新素材合适的位置，效果如图 3-126 所示。

图 3-126　抠图后

3.2.4　毛发抠图

在抠取图片时，有时需要处理人物的发丝，如果使用 🔲（多边形套索工具）或 🔲（钢笔工具）进行抠图，会发现头发区域有背景抠不干净的问题，如图 3-127 所示。

第 3 章　美工在网店中的作用

发丝处有白色背景

图 3-127　发丝边缘有背景颜色

选区创建完毕后，可以通过"调整边缘"命令，修整毛发或发丝处的背景，具体操作如下。

操作步骤

1. 启动 Photoshop，打开一张"模特"素材。使用 （快速选择工具）在模特身上拖动创建一个选区，如图 3-128 所示。

2. 创建选区后，在菜单中执行"选择/调整边缘"命令，打开"调整边缘"对话框，选择 （调整半径工具）❶，在模特头发边缘处向外按下鼠标并拖动❷，如图 3-129 所示。

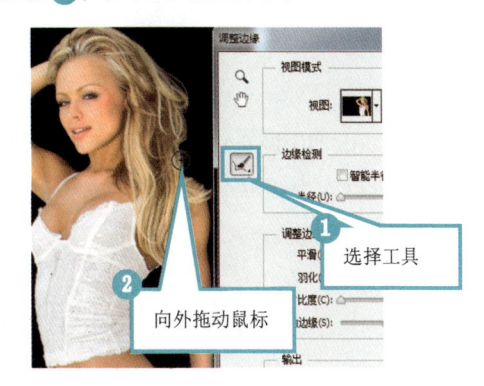

图 3-128　为素材创建选区　　　　图 3-129　编辑选区

3. 在头发处按下鼠标细心涂抹，此时会发现头发边缘已经出现在视图中，拖动过程如图 3-130 所示。

4. 涂抹后发现头发边缘处有多余的部分，此时只要按住 Alt 键，在多余处拖动，就会将其复原，如图 3-131 所示。

83

图 3-130　编辑头发　　　　　　　　　　　图 3-131　编辑选区

按住 Alt 键拖动鼠标

5．设置完毕单击"确定"按钮，调出编辑后的选区，打开"背景 01"素材，如图 3-132 所示。

图 3-132　调出选区后打开素材

6．使用 （移动工具）将"模特"素材选区内的图像拖动到"背景01"文档中，再对模特进行大小和位置的调整，至此本例制作完毕，效果如图 3-133 所示。

图 3-133　最终效果

3.2.5　图层关系替换背景

在 Photoshop 中，通过图层蒙版可以更加直观地对图片进行抠图，抠图后不对原图进行破坏。如果需要原图，只要将蒙版隐藏便可恢复原图本来面貌，在图层中编辑蒙版可以通过▇（渐变工具）、▇（画笔工具）、▇（橡皮擦工具）进行操作。

渐变工具编辑蒙版替换背景

在 Photoshop 中，使用▇（渐变工具）可以将两张图片进行渐进式融合，方式包含线性渐变、径向渐变、角度渐变、对称渐变及菱形渐变。在使用▇（渐变工具）为网拍商品抠图换背景时，一般会使用"径向渐变"和"菱形渐变"，因为这两种渐变方式可以在保留商品的同时虚化背景，并将其与另一张图片进行融合，如图 3-134 所示。

图 3-134　渐变工具抠图替换背景

画笔工具编辑蒙版替换背景

在 Photoshop 中，使用▇（画笔工具）或▇（橡皮擦工具）编辑蒙版抠图，可以更充分地将两张图片进行融合，并不对图片产生破坏。相对于▇（渐变工具），画笔工具可以将图片的边缘处理得更加细致，具体的抠图方法如下。

操作步骤

1. 启动 Photoshop，打开一张儿童围巾照片素材和一张背景素材，如图 3-135 所示。

2. 使用▇（移动工具）将"儿童"图像拖动到"背景"文件中，设置"混合模式"为"深色"，复制一个图层 1 拷贝层，设置"混合模式"为"正常"，单击"添加图层蒙版"按钮▇，为图层 1 拷贝层添加一个空白蒙版，如图 3-136 所示。

图 3-135　素材

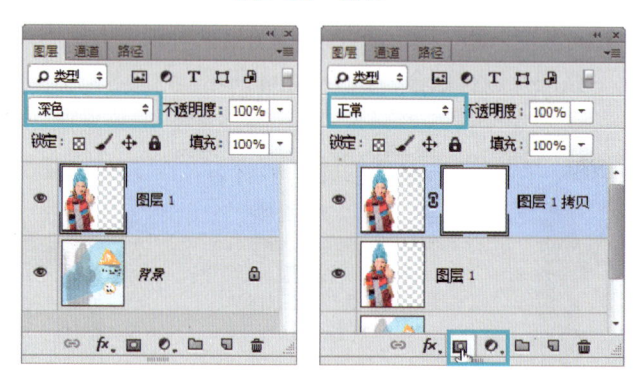

图 3-136　添加图层蒙版

3. 将前景色设置为"黑色",使用 ▱(画笔工具)在图中人物头部边缘进行涂抹,不要涂到人物上面,如图 3-137 所示。

图 3-137　边缘涂抹

4. 使用 ▱(画笔工具)编辑过程中尽量按照图像的需要随时调整画笔的直径大小,在图

第 3 章　美工在网店中的作用

像中的人物以外进行涂抹，完成抠图。过程如图 3-138 所示。

图 3-138　抠图过程

5. 此时的图层，如图 3-139 所示。

6. 在"图层"调板中单击 ◎.（创建新的填充或调整图层）按钮，在弹出的菜单中选择"色阶"命令，打开"色阶"调整属性面板，其中的参数值设置如图 3-140 所示。

7. 至此本例制作完成，效果如图 3-141 所示。

图 3-139　图层　　　　图 3-140　"色阶"调整　　　　图 3-141　最终效果

技巧：使用 ✎（画笔工具）与使用 ✐（橡皮擦工具）编辑图层蒙版的操作方法一样，只是在编辑时 ✎（画笔工具）要求设置前景色，✐（橡皮擦工具）要求设置背景色。

3.2.6　透明宝贝的抠图方法

在 Photoshop 中对半透明对象进行抠图，可以在"通道"面板中完成。使用"通道"进行抠图，通常需要使用一些工具结合"通道"面板进行操作。在操作完毕之后，必须要把编辑的

87

通道转换为选区，再通过 ![移动工具图标]（移动工具）将选区内的图片拖动到新背景中，才完成抠图。在对通道进行编辑时主要使用 ![画笔工具图标]（画笔工具），通道中黑色部分为保护区域，白色区域为可编辑的位置，灰色区域将会创建半透明效果，如图 3-142 所示。

图 3-142　编辑 Alpha 通道

技巧：默认状态时，使用黑色、白色以及灰色编辑通道可以参考下表进行操作：

涂抹颜色	彩色通道显示状态	载入选区
黑色	添加通道覆盖区域	添加到选区
白色	从通道中减去	从选区中减去
灰色	创建半透明效果	产生的选区为半透明

第 3 章　美工在网店中的作用

本节为大家讲解如何在"通道"中为模特的婚纱进行半透明抠图,具体的操作步骤如下。

操作步骤

1. 启动 Photoshop,打开一张婚纱素材,如图 3-143 所示。

图 3-143　素材

2. 转换到"通道"面板,拖动"红通道" ① 到"创建新通道"按钮 ② 上,得到"红副本通道" ③,如图 3-144 所示。

3. 在菜单中执行"图像/调整/色阶"命令,打开"色阶"对话框,其中的参数值设置如图 3-145 所示。

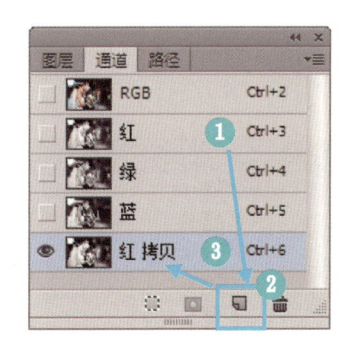

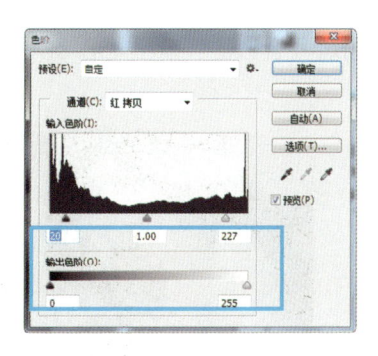

图 3-144　复制通道　　　　　　　　图 3-145　"色阶"对话框

4. 设置完毕单击"确定"按钮,效果如图 3-146 所示。

5. 将前景色设置为"黑色" ①,使用 （画笔工具） ② 在人物上以外的位置拖动 ③,将周围填充为黑色,如图 3-147 所示。

89

图 3-146　色阶调整后　　　　　　　　　　　图 3-147　编辑通道

6. 再将前景色设置为"白色"❹，使用 ✏（画笔工具）❺在人物上拖动❻（切记不要在透明的位置上涂抹），如图 3-148 所示。

图 3-148　编辑通道

7. 选择复合通道，按住 Ctrl 键单击"红副本"通道❶，调出图像的选区❷，如图 3-149 所示。

图 3-149　调出选区

90

8. 按 Ctrl+C 组合键复制选区内的图像，再打开一张素材，如图 3-150 所示。

图 3-150　素材

9. 素材打开后，按 Ctrl+V 组合键粘贴复制的内容，按 Ctrl+T 组合键调出变换框，拖动控制点将图像进行合适的缩放，效果如图 3-151 所示。

图 3-151　变换

10. 按回车键完成变换，最终效果如图 3-152 所示。

图 3-152　最终效果

3.2.7 综合抠图方法

在对网拍的商品进行背景替换时，并不是只使用一种抠图模式就能够得到较好的效果，通常情况下都会使用几种抠图模式相结合的方法进行操作。这样针对不同位置，可以将边缘处理得更加得体，例如对模特头发的处理就不能使用路径进行抠图，如果强行这样做，会造成模特没有头发，所以，不同的区域使用不同的抠图方法，如图 3-153 所示。

图 3-153　综合抠图

3.3　图片在网店设计中的作用

在对电商广告进行设计时,图片通常会起到传达第一视点的作用,从传统的整体图片参与设计到局部参与设计,再到多视角参与,以及超出范围进行设计制作,最终目的都是吸引买家注意,从而增加店铺流量。

3.3.1　商品整体参与整体设计

整体参与设计的图片,可以让浏览者看到商品的整体,在视觉中不会出现丢失部分。这种设计方法常被用到传统的设计中,优点是可以看到商品本身的样貌,缺点是缺少买家对商品本身的一些遐想,如图3-154所示。

图 3-154　商品整体参与的设计

3.3.2 商品切断式参与整体设计

被切断的商品在整体作品中是完整图片的对立面，视觉上的不完整性，会使买家在大脑中自动填补其完整形态，买家为了联想商品完整性会停留更长的时间，这种设计不但为商品带来新的视觉感受，还为买家预留了想象空间，如图3-155所示。

图3-155 被切断商品参与的设计

技巧：在切断图片时，切记不要把图片中的代表区域切掉。保留局部的图像在固定图像中可以最大化的显示商品的重要部分，这样可以更好地吸引买家目光。

3.3.3 不同视角参与整体设计

常规视角的图片在设计中已经司空见惯了，并且大多数的网店都是以传统视角设计主图，这样的图片看多了就会产生审美疲劳，对买家的吸引力也会逐渐降低，按照此逻辑我们正好可以在商品视角的运用上进行一下大胆的尝试，使买家产生新鲜感，从心理上感觉眼前一亮，无形中就会对店铺的流量产生推动力。不同视角的图片如图3-156所示。

图3-156 不同视角参与的设计

3.3.4　超出范围参与整体设计

　　超出范围指的就是冲出束缚的版面，从而吸引眼球，也就是素材本身的某个部分在规划设计区以外，如图 3-157 所示，图像中模特的头部超出了设计区的框架。这种设计方式打破了原有的物体封闭性，给买家一个新的视觉冲击。

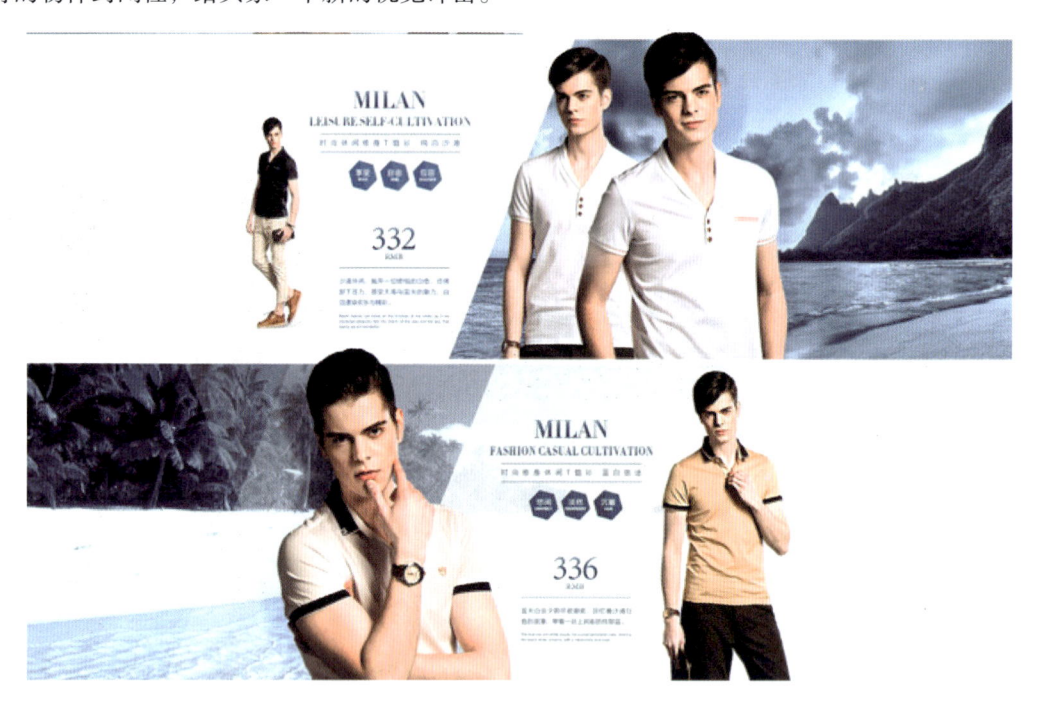

图 3-157　超出范围参与整体设计

3.4　文案在网店中的作用

　　对于网店美工来说，不是只会图片美工处理就一切工作都做好了，一个好的美工作品，文案起到的作用是至关重要的，在整体作品中文案起画龙点睛的作用。

　　好的文案不但能详细介绍商品，还能兼顾整体广告创意。从广告上来说，就是将商品卖点通过文字渗透到买家的思维中，让买家接受、认同，从而购买你的产品。

　　要做好一个文案，你不仅要懂得文字上的知识或技巧，还要了解一些店铺装修上的知识。要和美工沟通好，让美工将你的文案想法变成图片展示出来，才是成功的关键。

3.4.1 为什么要做文案

网店中涉及的文案通常都与商品图片相辅相成。店铺推广不仅在于一些网店推广方法的运用，文案也是其中一个重要的影响因素。华丽而不失优雅、自然而不失人气的店铺文字和主体的风格相映生辉，这样可以大大提高宝贝的转化率。对于店铺来说，优秀的文案策划不仅要做文字功，还要用文字引导销售，与主体图片相呼应，让文字完全融入整张图片中，作为整体创意的一部分，同时起到吸引眼球的作用，如图 3-158 所示。

图 3-158　文案

3.4.2 文案怎样写

首先，要明白为什么要写与图片相对应的文案，且必须符合商品的整体营销策略。是单独使用，还是和其他文案组成一个系列；在整个广告活动中文案担负着什么样的任务；是前期概念宣传，还是直接推动卖货，或是传达促销信息增加销量；这些都需要详细考虑。

提出以上的疑问后，你就会明白写文案的目的就是卖货，文案的作用就是与消费者进行"深度沟通"，使每一句话说到消费者心坎里。文案的主题是市场营销策略围绕消费者展开的，软文要配合营销策略，针对消费者猎奇、治疗、健康、美容等心理展开。每篇软文只能有一个主题，我们常常用一个系列、一个阶段的软文围绕一个主题进行话题炒作，如图3-159所示。

图3-159　文案

3.4.3　文案的布局

网店的文案布局大体可以分为对齐布局、参照布局、对比布局及分组布局四种，每种布局都有自己的特点，下面介绍这四种布局的具体使用方法。

对齐布局

文案对齐布局通常会以边对齐和居中对齐两种形态存在，每种对齐方式都是以商品图片本身作为依据的。

边对齐在淘宝美工中通常会以文本的一端作为对齐线，这会给人稳重、力量、统一、工整的感觉，是淘宝中常见的一种文案布局方式，如图3-160所示。边对齐比较适合新手操作，只需要掌控整体画面，文本部分在主体边上对齐即可。

图 3-160　边对齐

　　居中对齐在淘宝美工中通常会以文本的水平居中位置作为对齐线，或者文本与整个画面进行居中对齐，使文本与整体给人一种正式、大气、高端、有品质的感觉。在店铺海报中，居中对齐通常要把文字直接打在商品上面，文案部分的遮挡会与主体部分形成一种前后的感觉，看起来更加具有层次感；在不遮挡主体时，单纯的文字居中对齐，同样会使整张海报具有大气、上档次的感觉，如图 3-161 所示。

图 3-161　居中对齐

参照布局

参照布局通常是指根据美工得到图片的类型，将文本部分与图片特点进行合理位置布局的方法，根据主图的特点，文本在图片中主要起到平衡整体的作用，如图 3-162 所示。此布局方法不适合初学者。

图 3-162　参照布局

对比布局

在一个作品中，如果不体现对比，那么就不能说此作品中存在设计，相对于平淡无奇的东西，人们更喜欢存在对比效果的画面。

使用有对比效果的排版技巧，可以增加画面的视觉效果。对比的方式有很多，比如虚实对比、冷暖对比、字体粗细对比等，如图 3-163 所示。如图 3-164 所示。

图 3-163　对比布局

101

注意：通过两张图片的对比，我们不难看出在排版时仅使用对齐布局是远远不够的。在对齐的基础之上再进行对比布局，可以使图片的视觉感增加一个层次。在下面两张海报的对比中，我们可以发现两张海报运用了对比原则，使画面更加吸引人，文案也一目了然，更便于浏览者阅读。如图 3-164 所示。

图 3-164　对比布局

注意：

- 找出文案中重点的语句，运用大小对比和粗细对比，突出文字的强调和区分。

- 字体部分如果要对比,就要选择对比较分明的字体,既然要对比就要让大的够大、小的够小、粗的够粗、细的够细,让浏览者更加容易记住。
- 对比不但增加视觉效果,而且还加强了文案的可读性。不要担心字体小会使浏览者错过阅读,只要强调的部分吸引住了顾客,顾客就会下意识地阅读下面的小文字。
- 对比可以通过文本以背景的高反差效果进行显示,背景如果按不同的颜色、形状进行绘制,将上面的文字与背景色作为对比参照物,这样更能吸引浏览者,加强整体视觉效果。

分组布局

在图片中如果存在的文本过多,就不能单纯地使用对齐或对比等布局方法。此时将文本进行一下分类,将相同的文本信息文案摆放在一起,不仅使整个画面看起来有条理,而且也非常美观,更加有利于浏览者进行阅读。每个分类可以作为一个元素进行重新布局,如图 3-165 所示。

图 3-165 分组布局

3.4.4 活动文案

网店的活动文案与纯文本的软文文案不同,需要与素材图片相结合并且配合当前活动的要求,设计上还要与整体相呼应,不能有违和感,例如店庆活动、节日活动等;既要简练又要突出主题,对于网店美工来说是比较考验设计能力的,图3-166所示为融入整体的活动文案。

图 3-166 活动文案

活动文案的目标就是为了带动流量、增加销量、增强知名度等。在撰写活动文案时要体现以下几个要点。

1)活动介绍

活动介绍包括活动主题、活动时间、活动地点、目标人群、活动目标、活动背景介绍(如主办方、协办方)等。

2)活动规则

活动规则包括活动具体的参与办法、面向人群、具体的奖项设置、评选规则和办法等。

3）活动实施

活动实施要说明活动的具体实施步骤、具体的时间、奖项内容。

4）趣味性要强

活动的趣味性越强越好，只有活动好玩有趣，参与的人才会多。活动的氛围起来之后，自然就达到了活动文案的目的。

5）得到实惠

只有在文案中让买家看到本次活动的让利力度，才能真正调动起买家的积极性。销量增加了，卖家同样也会得到属于自己的那部分利益，互利互惠才能更好地将活动持续下去。

第4章

在网店中定位配色与细节

本章重点：

- 网店中图片的配色
- 网店配色
- 网店页面色彩分类
- 统一间距与对齐
- 为网拍商品图片制作统一边框
- 增加图片的细节

第 4 章　在网店中定位配色与细节

对于网店来说，能够影响一个店铺风格的重要特色就是配色格调，买家进入店铺后，能够影响其第一印象的要素就是网店的页面色彩。一个网店拥有合适的颜色配比，比其他任何设计要素都重要。因为色彩是主导买家视觉的第一因素，它不但可以给买家留下深刻印象，而且可以产生很强烈的视觉效果。所以，在装修店铺时色彩格调的使用需要深思熟虑。但是，并不是每个人都能够通过天生的色彩感在脑海中勾勒出比较好的色彩搭配，这需要孜孜不倦地学习和脚踏实地训练，加强自身的色彩感。

本章就为大家介绍网店配色和细节方面的基本知识，使店铺整体上更加吸引人，以促成最终的交易。经过统一色调和调整细节的网店店铺，如图 4-1 所示。

图 4-1　统一色调及调整细节

4.1　网店中图片的配色

在网店页面中，能够吸引买家注意的广告图片，通常出现在页面的第一屏与第二屏中，目的就是引起买家的购买欲望。除图片设计的构图版式外，配色应该是最能刺激人们视觉的元素了。好的图片配色给人的感觉是舒服，在设计配色时最好不要超过三种色彩，色彩太多会产生乱的效果。在为图片配色时，最好能够在色相、饱和度或明度中选择一种保持相近，这样的配色不会让人在视觉上产生厌烦，有的图片配色就会给人一种非常乱的感觉，如图 4-2 所示。

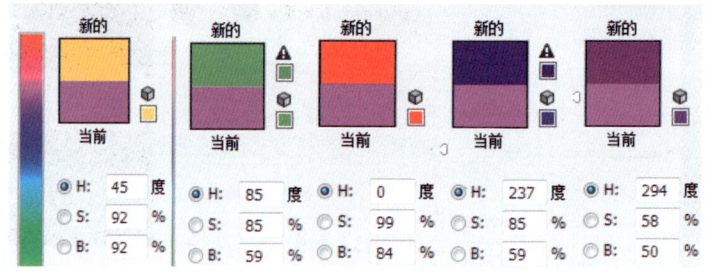

图 4-2　繁乱的配色

从上图中我们不难看出，其色相、饱和度和明度没有一种是相近的，所以会产生较为混乱的感觉。这里我们将配色按照饱和度相近的方法调整一下，再减少一下配色的数量，调整之后的图片马上出现了一个质的飞跃，如图 4-3 所示。

图 4-3　饱和度相一致的色调

第 4 章　在网店中定位配色与细节

> **温馨提示**　在设计时应该按场景设定颜色，不要只是按照单一的数值来决定具体的配色。

如果将色调定为永不过时的黑白色，就更能凸显模特的气质，使大家的视线快速转移到模特身上，如果再点缀上橘黄色，那么整张图片会显得更加高端、大气，模特也更有女人味，如图 4-4 所示。

图 4-4　黑白配色

选择一种大面积的高纯度颜色与浅色作为人像的背景，更能提升整张图片的视觉吸引力，如图 4-5 所示。

图 4-5　大面积背景配色

109

温馨提示

对于上图的配色，通常是不会使用超过三种色系的，根据色彩对浏览者的视觉引导，这里我选择了"绿色、橘黄、黑色和白色"作为底色、主色和强调色，在设计时要掌握好这几种颜色的比例，如图 4-6 所示。

图 4-6　配色比例

4.2　网店配色

在网店页面设计中，色彩搭配是打造网店形象的关键，店面色彩处理得好可以为页面锦上添花，同时达到事半功倍的效果。色彩搭配一定要合理，要与商品相符，这样会给人一种和谐、愉快的感觉，一定要避免使用容易使人产生视觉疲劳的纯度过高的单一色彩。

4.2.1　自定义页面的主色与辅助色

店面的主色与辅助色是一个页面传达给购买者的第一视觉，所以，一定要使颜色与商品相呼应。在店面中能够定义为主色的是店铺整体的色调，也就是所占面积最大的色系，辅助色和点缀色在页面中起到陪衬、点缀的作用，如图 4-7 所示。

图 4-7　自定义颜色

第 4 章　在网店中定位配色与细节

在网店中，如果文字与店面主色调搭配合理，会直接提升整体页面的视觉效果，下面介绍网店主色与文字色彩的搭配，具体可以参考表 4-1。

表 4-1

颜　色　图　标	颜色十六进制值	文字颜色搭配
	#F1FAFA	适合做正文的背景色，比较淡雅。配以同色系的蓝色、深灰色或黑色文字都很好
	#E8FFE8	适合做标题的背景色，搭配同色系的深绿色标题或黑色文字
	#E8E8FF	适合做正文的背景色，文字颜色配黑色比较和谐、醒目
	#8080C0	配黄色或白色文字较好
	#E8D098	配浅蓝色或蓝色文字较好
	#EFEFDA	配浅蓝色或红色文字较好
	#F2F1D7	配黑色文字素雅，如果是红色则显得醒目
	#336699	配白色文字好看些
	#6699CC	配白色文字好看些，可以做标题
	#66CCCC	配白色文字好看些，可以做标题
	#B45B3E	配白色文字好看些，可以做标题
	#479AC7	配白色文字好看些，可以做标题
	#00B271	配白色文字好看些，可以做标题

111

续表

颜 色 图 标	颜色十六进制值	文字颜色搭配
	#FBFBEA	配黑色文字比较好看，一般作为正文
	#D5F3F4	配黑色文字比较好看，一般作为正文
	#D7FFF0	配黑色文字比较好看，一般作为正文
	#F0DAD2	配黑色文字比较好看，一般作为正文
	#DDF3FF	配黑色文字比较好看，一般作为正文

温馨提示　利用上面的颜色配比表，可以大大减少制作网页配色的时间，在当前的基础上，店主还可以发挥想象力，搭配出更有新意、更醒目的颜色，使自己的店面更具竞争力。

4.2.2　网店色调与配色

色彩与人的感觉和情绪有一定的关系，利用这一点可以在设计时形成自己独特的色彩搭配，从而给买家留下深刻印象，增大商品售出概率。不同的色系在网店中也拥有自己的独特之处，在网店色调分类方面，主要按照色相、印象和色系分类。

按照色相分类配色

常见的色彩搭配按照色相的顺序归类，每类都以一种色相为主，配以其他色相或同色相的色彩，应用对比和调和的方法，按照从轻快到浓烈的顺序排序。

1）红色

红色的色感温暖，刚烈而外向，是一种对人刺激性很强的颜色。红色不仅容易引起人的注意，使人兴奋、激动、紧张、冲动，还是一种容易让人产生视觉疲劳的颜色。

在网页颜色的应用中，根据网页主题内容的需求，纯粹使用红色为主色调的网站相对较少，

第 4 章　在网店中定位配色与细节

其多用于辅助色、点睛色，达到陪衬、醒目的效果，通常都配以其他颜色调和。

在许多颜色里，红色是最鲜明生动、最热烈的颜色。因此红色也是代表热情的情感之色。鲜明的红色极容易吸引人们的目光。常见的红色配色方案如图 4-8 所示。

> **温馨提示**：红色可以和蓝色混合成紫色，可以和黄色混合成橙色。红色和绿色是对比色。红色的补色是青色。红色是三原色之一，能和绿色、蓝色调出任意色彩。

大多红色系的网店以经营婚庆用品为主，在以经营女装、美容化妆品、礼品为主的网店或店庆页面中也会使用红色，主要原因是醒目，提醒买家注意，吸引买家目光。通过配色产生的粉色页面会给人一种温馨的感觉，图 4-9 所示为红色礼盒店铺。

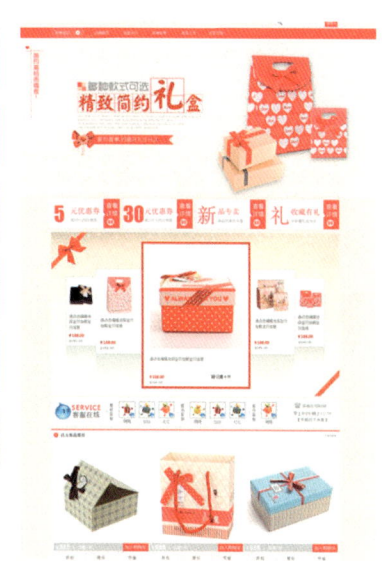

图 4-8　红色搭配

图 4-9　红色礼盒店铺

2）橙色

橙色会产生轻快、欢愉、收获、温馨、时尚的效果，是一种表达快乐、喜悦、能量的色彩。橙色，又称橘色，为二次颜料色，是红色与黄色的混合。在光谱上，橙色介于红色和黄色之间。

橙色在空气中的穿透力仅次于红色，而色感比红色更暖，鲜明的橙色应该是色彩中让人感受最温暖的色相，能给人以庄严、尊贵、神秘等感觉，所以基本上属于心理色彩。历史上许多权贵和宗教都用橙色装点自己，现代社会往往将其作为标志色和宣传色。不过橙色也容易造成视觉疲劳。橙色明视度高，在工业安全用色中，橙色即警戒色，例如火车头、登山服、背包、

113

救生衣等都使用了橙色。橙色一般可作为喜庆的颜色，同时也可作富贵色，红、橙、黄三色被称为暖色，属于引人注目、给人芳香感和引起食欲的颜色。橙色可作餐厅的布置色，据说在餐厅里多用橙色可以增加客人的食欲。常见的橙色配色方案如图4-10所示。

> **温馨提示**
>
> 橙色在HSB数值中的H为30度，是正橙色。橙色是一个非常明亮、引人注目的颜色。橙色的对比色是蓝色，这两种颜色色彩度倾向越明确，对比强度就越大。但我们也看到，除了橙色和蓝色，橙色和绿色随着纯度的升高，达到的对比效果也越来越强烈。

橙色主要应用于与食物有关的网店中，由于橙色也属于积极活跃的色彩，除了用于经营食品的网店中，还经常用在经营家具用品、时尚品牌、儿童玩具的网店中，图4-11所示为橙色与黄色等邻近色搭配的食品网店，其视觉上处理得井然有序，在整个网页中食物看起来非常诱人，使人胃口大开。

图4-10 橙色搭配

图4-11 橙色系店铺

3）黄色

黄色具有活泼与轻快的特点，给人十分年轻的感觉，象征光明、希望、高贵、愉快。浅黄色表示柔弱，灰黄色表示病态。黄色的亮度最高，和其他颜色配合让人感到很活泼，有温暖感，具有快乐、希望、智慧和轻快的个性。黄色也代表着土地，象征着权力，还具有神秘的宗教色彩。常见的黄色配色方案如图4-12所示。

第 4 章　在网店中定位配色与细节

> **温馨提示**
>
> 黄色能和许多颜色搭配，但是要注意和白色的搭配，因为白色可以吞没黄色的色彩，使人看不清楚。另外，深黄色最好不要与深紫色、深蓝色、深红色搭配，这样会使人感觉晦涩与失望；淡黄色也不要与明度相当的色彩搭配，要拉开明度上的层次关系。黄色与红色搭配可以营造一种吉祥喜悦的气氛；黄色与绿色搭配，会显得有朝气、活力；黄色与蓝色搭配，可以显得美丽清新；淡黄色与深黄色搭配，可以给人一种高雅的感觉。

黄色与某些食品色彩相似，可以应用于食品类的店铺中。另外黄色的明度比较高，是活泼、欢快的色彩，有智慧、欢乐的个性。黄色是前进色，有扩张的感觉，具有金色的光芒，代表权利和财富，是一种使人骄傲的色彩，因此很多店铺都会使用黄色来体现自己商品的高档与华贵，图 4-13 所示为使用黄色配色的网店。

图 4-12　黄色搭配　　　　　　　　　图 4-13　黄色系店铺

4）绿色

绿色在黄色和蓝色（冷暖）之间，属于比较中庸的颜色，这样使得绿色比较平和、安稳、大度、宽容。绿色是一种柔和、恬静、满足、优美、受欢迎之色，也是网店页面中使用最广泛的颜色之一。

绿色与人类息息相关，是永恒的欣欣向荣的自然之色，不仅代表了生命与希望，也充满了青春活力。绿色象征着和平与安全、发展与生机、舒适与安宁、松弛与休息，有缓解眼部疲劳的作用。

115

绿色能使我们的心情变得格外明朗。黄绿色代表清新、平静、安逸、和平、柔和、生机。常见的绿色配色方案如图4-14所示。

> **温馨提示**
>
> 当绿色中黄色的成分较多时，其就趋于活泼、友善的特性，具有幼稚性；在绿色中加入少量的黑色，其就趋于庄重、老练、成熟的特性；在绿色中加入少量的白色，其就趋于洁净、清爽、鲜嫩的特性。

绿色通常与环境有关，也经常被联想到与健康有关的事物，所以绿色经常会用在与自然、健康有关的网店中，还经常用在生态特产、护肤品、儿童商品或保健食品的网店中，图4-15所示为绿色系的网店。

图4-14　绿色搭配　　　　　　　　　图4-15　绿色系网店

5）蓝色

蓝色是色彩中比较沉静的颜色，其象征着永恒与深邃、高远与博大、壮阔与浩渺，是令人心情畅快的颜色。

蓝色朴实、稳重、内向的特点，可以衬托活跃且具有较强扩张力的色彩，同时也活跃页面，而且蓝色还有消极、冷淡、保守等含义。蓝色与红、黄等颜色运用得当，能构成和谐的对比调和关系。

蓝色是冷色调最典型的代表色，是网店页面中运用最多的颜色，也是许多人钟爱的颜色。常见的蓝色配色方案如图4-16所示。

第 4 章　在网店中定位配色与细节

> **温馨提示**
> 在蓝色中添加少量的红、黄、橙、白等颜色，均不会对蓝色构成比较明显的影响；如果蓝色中黄色的成分比较多，其就会趋于甜美、亮丽、芳香的特点；在蓝色中混入少量的白色，可使蓝色趋于焦躁、无力。

蓝色具有深远、永恒、沉静、无限、理智、诚实、寒冷等多种感觉。蓝色给人很强烈的安稳感，同时还能表现出和平、淡雅、洁净、可靠等特性。蓝色多应用于科技商品、家电产品、化妆品等网店中，图4-17所示为蓝色系网店。

图 4-16　蓝色搭配　　　　　图 4-17　蓝色系网店

6）紫色

紫色可以说是最具优雅气质的颜色，给人成熟与神秘感，是女性的专属色之一。在T台秀场或大街上，紫色总会出现在人们的视线中，有的紫色优雅、高贵，有的极具"街头范儿"，各种精彩搭配，显示出紫色的百变魔力。然而紫色并不好驾驭，如果搭配不当则会显得过于老气。紫色的明度在彩色中是最低的，紫色的低明度给人一种沉闷、神秘的感觉。常见的紫色配色方案如图4-18所示。

> **温馨提示**
> 在紫色中红色的成分较多时，会使人具有压抑感、威胁感；在紫色中加入少量的黑色，其感觉就趋于神秘、难以捉摸、高贵；在紫色中加入白色，可使紫色沉闷的特点消失，变得优雅、华贵，并使女性充满魅力。

紫色通常用于以女性为消费对象或以经营艺术品为主的网店。另外，紫色是高贵华丽的色彩，很适合用于表现商品的珍贵、奢华。图 4-19 所示为紫色系网店。

图 4-18　紫色搭配

图 4-19　紫色系网店

按印象的搭配分类配色

色彩搭配看似复杂，但并不神秘。既然每种色彩在印象空间中都有自己的位置，那么色彩搭配得到的印象可以用加减法来近似估算。如果每种色彩都是高亮度的，那么它们叠加产生的颜色自然是明亮的；如果每种色彩都是浓烈的，那么它们叠加产生的颜色就会是浓烈的。当然，在实际设计过程中，设计师还要考虑使用乘法和除法，比如同样亮度和对比度的色彩，在色环上的角度不同，搭配起来就会得到千变万化的效果。因此色彩除了可以按色相搭配，还可以将印象作为搭配分类的方法。

1）柔和、明亮、温柔

亮度高的色彩搭配在一起就会得到柔和、明亮、温和的感觉。为了避免刺眼，设计师一般会用低亮度的前景色来调和，同时也避免产生沉闷的感觉，如图 4-20 所示。此配色常用于与女性有关的网店中。

2）柔和、洁净、爽朗

对于柔和、洁净、爽朗的印象，色环中蓝到绿相邻的颜色应该是最适合的，并且亮度偏高。从图 4-21 中可以看到，几乎每个组合都有白色参与。当然，在实际设计时可以用蓝绿相反色相的高亮度有彩色代替白色。此配色常用于与厨卫有关的网店中。

图 4-20 柔和、明亮、温柔

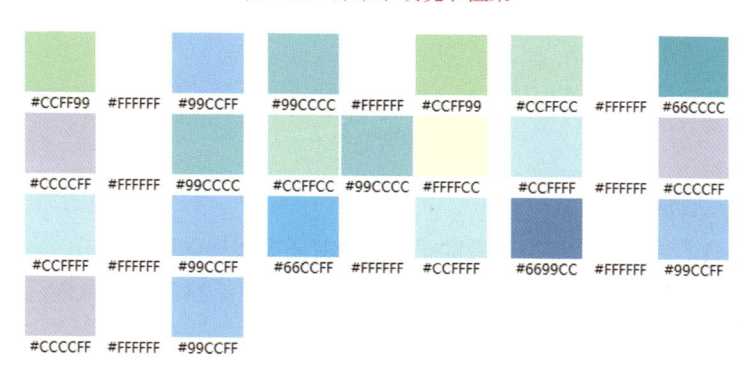

图 4-21 柔和、洁净、爽朗

3）可爱、快乐、有趣

要想给人以可爱、快乐、有趣的印象，在色彩搭配时，色相要分布均匀，冷暖搭配，饱和度高，色彩分辨度高，如图 4-22 所示。此配色常用于与儿童有关的网店中。

图 4-22 可爱、快乐、有趣

119

4）活泼、快乐、有趣

要想给人以活泼、快乐、有趣的印象，可选择的色彩非常多，可以将纯白色用低饱和的有彩色或者灰色取代，如图 4-23 所示。此配色常用于经营儿童用品的网店中。

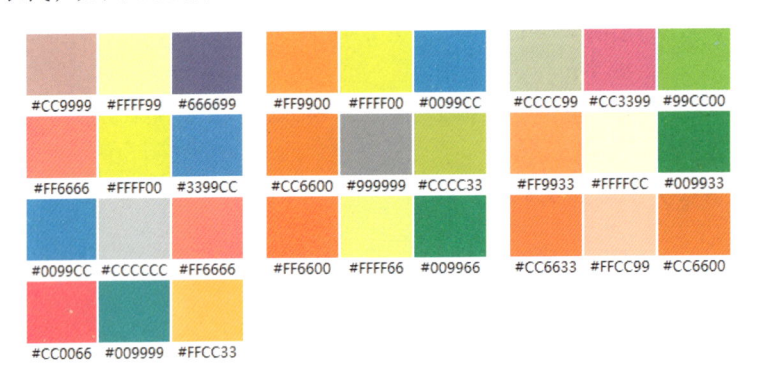

图 4-23　活泼、快乐、有趣

5）运动型、轻快

表现运动的色彩要强化激烈、刺激的感觉，同时还要体现健康、快乐、阳光的感觉，因此饱和度比较高、亮度偏低的色彩经常用于这类场合中，如图 4-24 所示。此配色常用于经营体育用品的网店中。

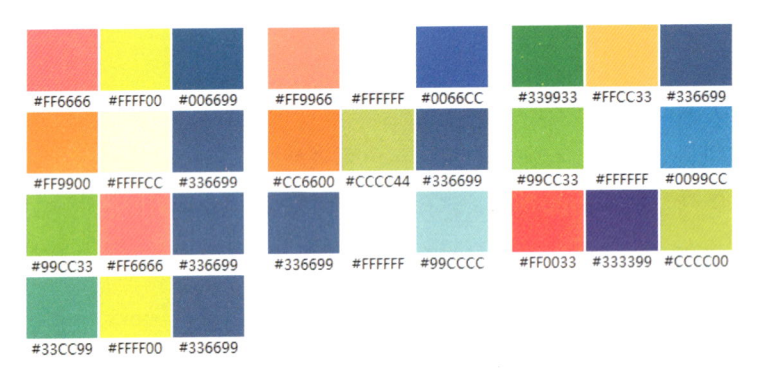

图 4-24　运动型、轻快

6）轻快、华丽、动感

要想给人以华丽的印象，页面要充满色彩，并且饱和度偏高，而亮度适当减弱则能强化这种印象，如图 4-25 所示。此配色常用于经营户外运动用品的网店中。

7）狂野、充沛、动感

要给人以狂野的印象，少不了低亮度的色彩，甚至可以用适当的黑色搭配，而其他有彩色的饱和度较高，对比较强烈，如图 4-26 所示。此配色常用于经营户外运动用品的网店中。

图 4-25 轻快、华丽、动感

图 4-26 狂野、充沛、动感

8）华丽、花哨、女性化

在经营女性用品的店铺中紫色和红色是主角，粉红色和绿色也是常用色相，一般它们之间要进行高饱和的搭配，如图 4-27 所示。此配色常用于经营女性用品的网店中。

图 4-27 华丽、花哨、女性化

121

9）回味、女性化、优雅

要想给人以优雅的感觉，一般色彩的饱和度要降下来，用蓝色和红色之间的相邻色搭配，以调节亮度和饱和度，如图4-28所示。此配色常用于经营女性用品的网店中。

图4-28　回味、女性化、优雅

10）高尚、自然、安稳

要想给人以高尚的印象，一般色彩亮度要降低，注意色彩的平衡，用低亮度的黄绿色，页面会显得安稳，如图4-29所示。此配色常用于经营老年人用品的网店中。

图4-29　高尚、自然、安稳

11）冷静、自然

绿色给人以冷静、自然的印象，如果将绿色作为页面的主要色彩，容易给人过于消极的感觉，因此应该特别重视图案的设计，如图4-30所示。此配色常用于经营茶叶及相关产品的网店中。

图 4-30 冷静、自然

12）传统、高雅、优雅

要想给人以传统的印象，一般要降低色彩的饱和度，棕色特别适合表现高雅和优雅，如图 4-31 所示。此配色常用于经营家纺用品的网店中。

图 4-31 传统、高雅、优雅

13）传统、稳重、古典

传统、稳重、古典给人以保守的印象，在色彩的选择上应该尽量用低亮度的暖色，这种搭配符合成熟的审美，如图 4-32 所示。此配色常用于经营家具建材产品的网店中。

图 4-32 传统、稳重、古典

14）忠厚、稳重、有品位

亮度、饱和度偏低的色彩会给人忠厚、稳重的感觉。这样的搭配为了避免色彩过于保守，使页面显得消极，应当注重冷暖结合和明暗对比，如图 4-33 所示。此配色常用于经营珠宝或仿古产品的网店中。

图 4-33　忠厚、稳重、有品位

15）简单、洁净、进步

要表现简单、洁净，可以使用蓝色和绿色，并大面积留白；而要给人以进步的印象，可以用蓝色搭配低饱和度的颜色或灰色，如图 4-34 所示。此配色常用于经营男性用品的网店中。

图 4-34　简单、洁净、进步

16）简单、时尚、高雅

灰色是最为平衡的色彩，并且是表现塑料金属质感的主要色彩之一。如果要表现高雅、时尚的感觉，可以适当使用灰色，但是要注重图案和质感的构造，如图 4-35 所示。此配色常用于经营男性用品的网店中。

图 4-35　简单、时尚、高雅

17）简单、进步、时尚

简单、进步、时尚的色彩多数以灰色、蓝色和绿色作为主导色，在网页中多表现时尚、大方的个性，如图 4-36 所示。此配色常用在产品与男性有关的网店中。

图 4-36　简单、进步、时尚

按色系分类配色

按色系对色彩进行分类，色系即色彩的冷暖分别。色彩学根据心理感受，把颜色分为暖色调（红、橙、黄）、冷色调（青、蓝）和中性色调（紫、绿、黑、灰、白），图 4-37 所示为冷暖色调分布。

1）冷色系

蓝色、绿色、紫色都属于冷色系，给人专业、稳重、清凉的感觉。图 4-38 所示为冷色系的淘宝店铺。

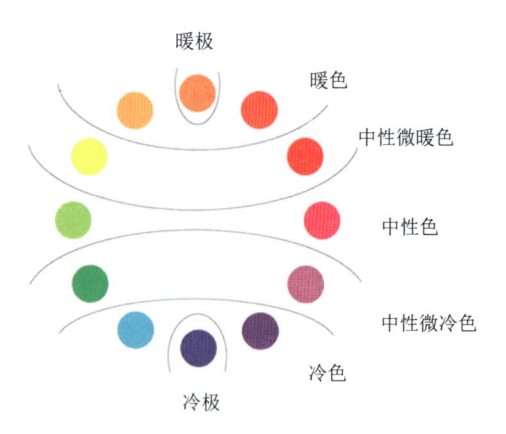

图 4-37　冷暖色调分布

图 4-38　冷色系的淘宝店铺

2）暖色系

由太阳的颜色衍生出来的颜色：红色和黄色，给人以温暖柔和的感觉。图 4-39 所示为暖色系的淘宝店铺。

第4章　在网店中定位配色与细节

图4-39　暖色系的淘宝店铺

3）中性色系

中性色中的黑、白、灰三种颜色，能与任何颜色搭配。图4-40所示为中性色系的淘宝店铺。

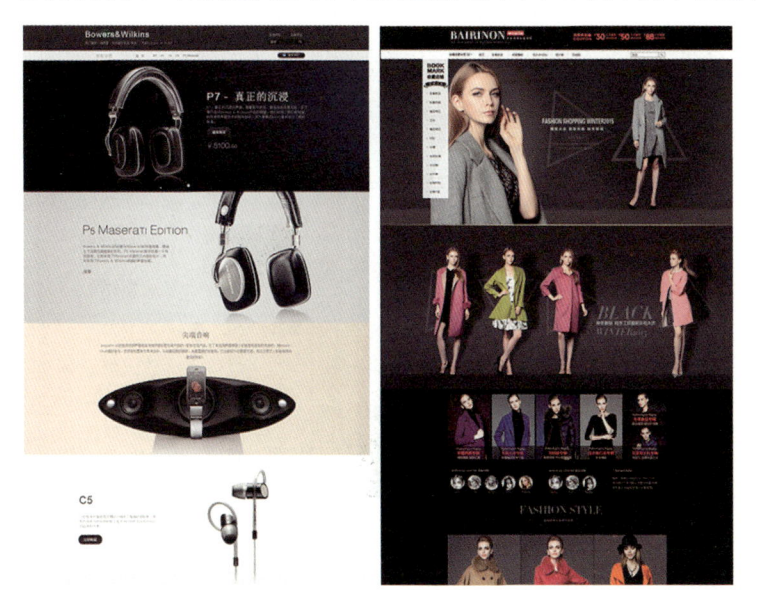

图4-40　中性色系的淘宝店铺

4.2.3 色彩采集

在为网店页面搭配颜色时，有的制作人员不懂色彩搭配知识，那么在不懂色彩搭配的情况下，如何为网店页面搭配与商品相呼应的色彩呢？在 Photoshop 中采集色彩的时候通常使用 ✏️（吸管工具），选取吸管工具，在商品的某处颜色上单击，此时就会将当前选取的颜色作为工具箱中的前景色，如图 4-41 所示。

图 4-41　吸取颜色

此时在"拾色器（前景色）"面板中可以看到当前采集的颜色信息，如图 4-42 所示。

图 4-42　拾色器（前景色）

如果在数值区更改数值，此时会明显看到之前的颜色与更改后的颜色，如图 4-43 所示。

第 4 章　在网店中定位配色与细节

勾选"只有 Web 颜色"复选框后，在"拾色器（前景色）"对话框中会显示应用于网页的颜色，如图 4-44 所示。将采集完毕的颜色作为与产品相对应的主色、辅助色或点缀色。

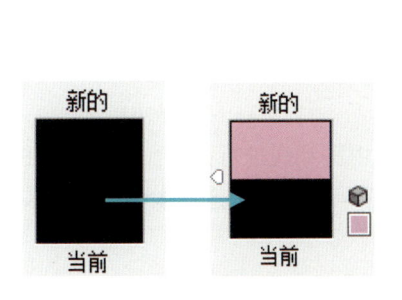

图 4-43　改变数值时的颜色对比

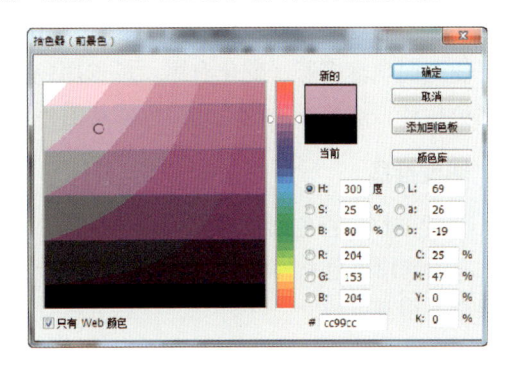

图 4-44　应用于 Web 的颜色

4.2.4　色彩推移

网店页面中采用色彩推移的方式组合色彩，这通常是统一页面色调的最好方法之一。

色彩推移是将色彩按照一定规律有秩序地排列、组合的一种作品形式。种类有色相推移、明度推移、纯度推移、综合推移等。设计师可以通过色彩推移的方法使页面色彩看起来更加统一、和谐，色彩推移同样可以运用到局部图片上，如图 4-45 所示。

图 4-45　页面局部的色彩推移

129

色相推移

色相推移是将色彩按色相环的顺序，由冷到暖或由暖到冷进行排列、组合的一种渐变形式。为了使画面丰富多彩、变化有序，可选用色相环，从一种颜色推移到另一种颜色，也可以选择灰度色相环，使色彩从白色到黑色或从黑色到白色。

明度推移

明度推移是将色彩按明度等级的顺序，由浅到深或由深到浅进行排列、组合的一种渐变形式。一般选用单色系列组合，也可选用两个色彩的明度系列，但不宜选择太多，否则易乱易花，效果会适得其反。

纯度推移

纯度推移是将色彩按等级的顺序，由鲜明到灰暗或由灰暗到鲜明进行排列、组合的一种渐变形式。

综合推移

综合推移是将色彩按色相、明度、纯度推移进行综合排列、组合的一种渐变形式。由于色彩三要素的同时加入，其效果当然要比单项推移复杂、丰富。

> **温馨提示**：在使用综合推移为网店页面搭配色彩时，要注意色调之间的和谐性。

4.3 网店页面色彩分类

在为网店装修时，网店页面的色彩根据其作用的不同可以分为三类：静态色彩、动态色彩和强调色彩。其中静态色彩和动态色彩各有用途、相互影响、相互协作，只有处理好这两种色彩之间的关系，才能使页面色彩达到统一和谐的视觉效果，从而使买家对您的网店多一些关注。

4.3.1 静态色彩与动态色彩

网店中的静态色彩并不是指静止不动的色彩，而是指结构色彩、背景色彩和边框色彩等具有特殊识别意义，决定店面色彩风格的色彩。动态色彩也不是指动画中运动物体携带的色彩，而是指插图、图片和广告等复杂图片中带有的色彩。动态色彩通常无法用单一色相去描绘,并且带有多种色调,随着图片在不同页面位置使用,动态色彩也会变化。如图4-46所示。

图 4-46 静态色彩与动态色彩

4.3.2 强调色彩

强调色彩又名突出色彩,是在网店页面设计时有特殊作用的色彩,是为了达到某种视觉效果而与静态色彩对比反差较大的突出色彩,或者是在店招中带有广告推荐意义的特殊色彩,或者是某段文字中为了突出重点而加注文字的色彩等。强调色彩的应用如图4-47所示。

图 4-47 强调色彩

131

4.4　统一间距与对齐

在网店页面中将商品边框统一后，会使页面整体看起来非常统一，但是如果图片之间的间距或对齐方式不统一，整个页面看起来会比较分散、凌乱。图4-48—图4-50所示分别为图片间距不统一的情况、图片没有对齐的情况及调整后的最终效果。

图4-48　图片间距不统一

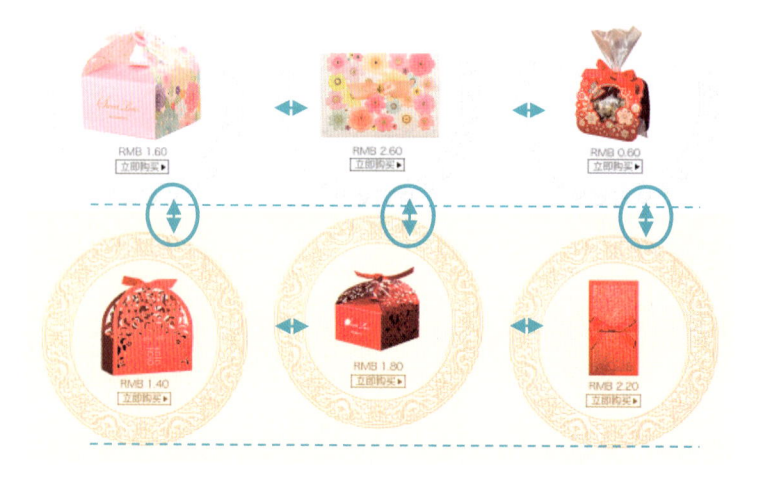

图4-49　图片没有对齐

第 4 章　在网店中定位配色与细节

图 4-50　调整后的最终效果

可以十分清楚地看到，调整图片间距与对齐方式在整个页面中的重要性，调整后会使整个页面看起来平整有序。

4.5　为网拍商品图片制作统一边框

虽然网店中的商品图片只简单地排列摆放，也能起到整齐划一的作用，但是不能把所有商品进行更好的视觉展现；如果先将所有商品图片裁剪成统一大小，再添加相同的边框，就可以大大提升商品图片的效果，从而提高店铺的整体效果。

4.5.1　按图片颜色为其添加边框

大多数图片本身就有背景，而且背景中有很多种色彩，在给图片添加边框时，最好使用与图片背景颜色相同的颜色，而且最好选取图片周围的深颜色，如果图片周围有多种颜色，则选取占比最多的那种颜色。图 4-51 所示为图片添加不同颜色边框的效果，从中可以很明显地看出哪种颜色适用作图片边框的颜色。

133

图 4-51　不同颜色的边框

温馨提示　在摆放多张商品图片时，如果不将图片边框颜色进行统一，那么整体感觉将不是很好，如图 4-52 示。

图 4-52　未统一边框颜色

4.5.2　细致调整图片背景边缘

当对一张商品图片的大小进行调整时，正常情况下会为图片留出 1 像素的毛边，图片边界会变得模糊，如果继续调整，图片边界模糊程度会加大，这个问题看起来不太严重，但是图片的背景边缘让人感觉很怪。下面用一张商品图片进行说明，如图 4-53 所示。

图 4-53　图片背景边缘细节调整

技巧：消除图片背景边缘毛边的方法是在图片上绘制一个稍小一点儿的选区，反选选区后删除选区中的内容，如图 4-54 所示。

图 4-54　消除图片毛边的过程

单独查看图片边缘效果并不是太明显，可以对排列的图片进行整体查看，这样可以十分清楚地看到图片边缘精细调整之后与之前的对比效果，如图 4-55 所示。

135

图 4-55　调整前后的对比

4.5.3　统一图片边框样式

　　为图片添加边框后，不仅要统一图片边框的颜色，图片背景也要使用相同的颜色。如果图片背景颜色不一致，此时单独为图片添加边框，看起来会十分别扭，要是为其添加一个白色描边后，再添加统一的边框，则会让图片看上去更统一，如图 4-56 所示。

没有统一的边框样式

已经统一的边框样式

图 4-56　对比

为图片添加统一的边框样式，不但会让页面整体看起来更美观，还会对商品图片起到修饰与美化的作用，给买家留下比较深刻的印象，从而增加网店销量。

当图片背景颜色为深色时，图片的边框如果还是以深色作为描边色，将看不出效果。此时有两种解决方案：一种是去掉外边框，添加白色边框；另一种是将外边框颜色加亮，在边框与图片之间留出统一的间距。如图 4-57 所示。

图 4-57　两种方案对比

4.5.4　商品图片边框的制作

为商品图片添加边框，会将浏览者的目光聚集到边框内的图片上，从而使浏览者对商品感兴趣，添加边框的具体操作步骤如下。

操作步骤

1. 启动 Photoshop，打开本书配套资源中的"素材/第 4 章/围巾"，如图 4-58 所示。
2. 按 Ctrl+J 组合键复制背景得到一个图层 1，如图 4-59 所示。

图 4-58　围巾

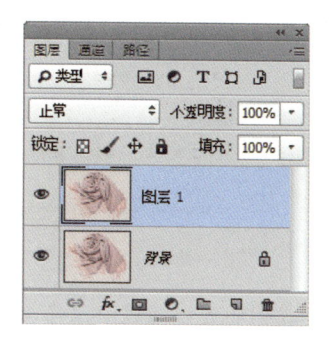

图 4-59　图层 1

137

3. 执行菜单命令"图层/图层样式",勾选"描边",将描边颜色设置为边缘背景的深基色,其中的参数值设置如图4-60所示。

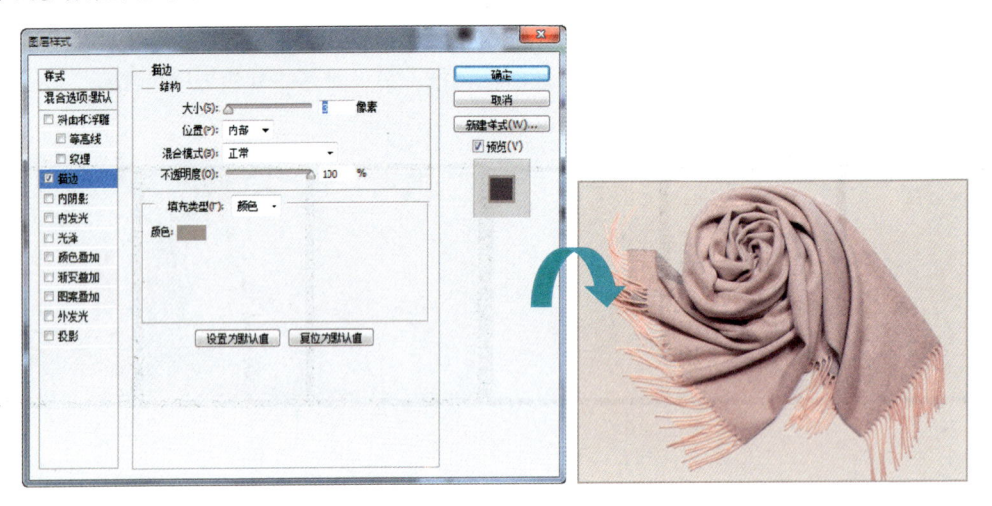

图 4-60　描边

4. 在"图层样式"对话框左侧勾选"内发光",其中的参数值设置如图4-61所示。

5. 设置完毕单击"确定"按钮,效果如图4-62所示。

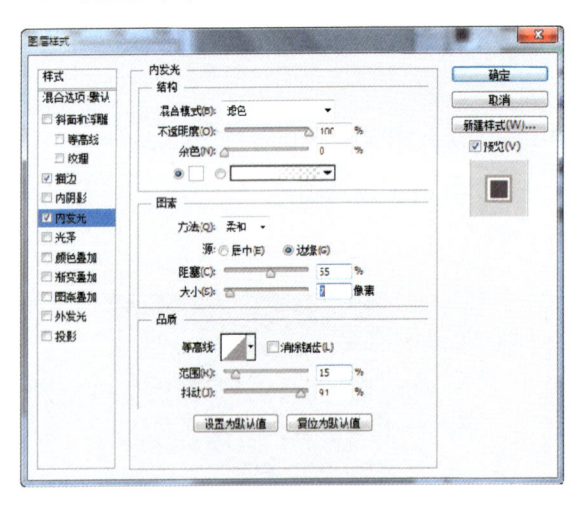

图 4-61　内发光　　　　　　　　　　　　图 4-62　最终边框效果

技巧:我们还可以通过"画布大小"命令为图片添加边框,如图4-63所示。

第 4 章　在网店中定位配色与细节

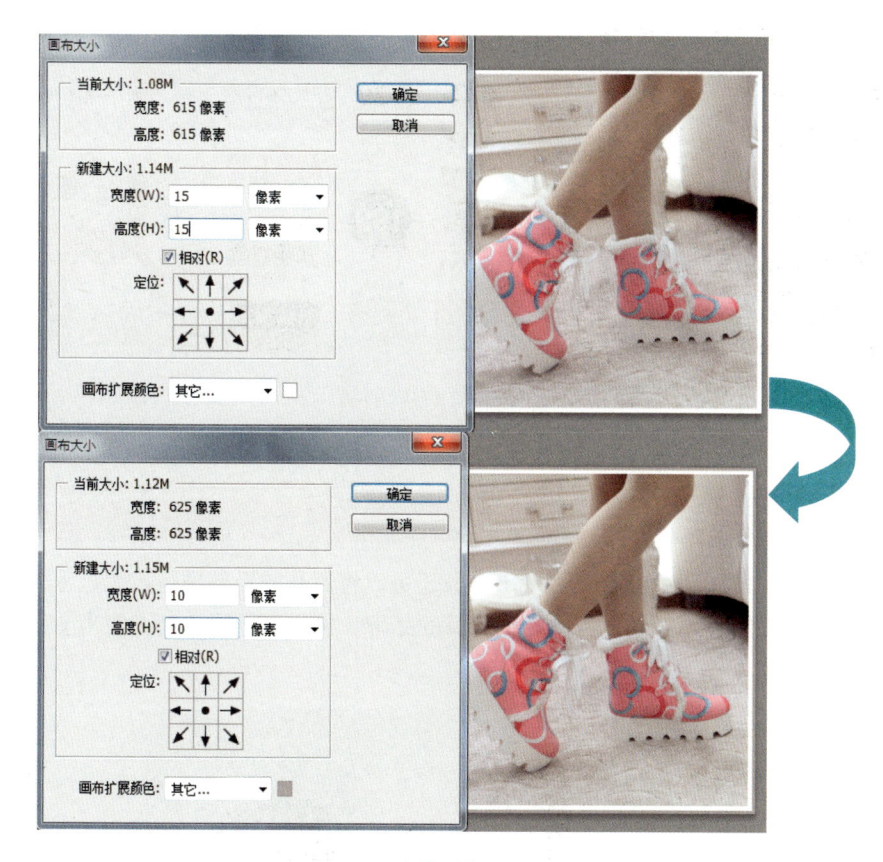

图 4-63　添加边框

4.6　增加图片的细节

网店美工不是只调整一下图片色调、修复一些图片瑕疵这么简单，要想让图片更加吸引人，就要为其增加一些细节，例如添加标签、局部放大、增加视觉效果等。

4.6.1　为商品图片添加标签

为商品图片添加与之相应的标签，可以让商品更加醒目，以直观的效果传达当前在售商品的信息，以及与之相关的附加信息。商品标签主要包括促销标签、价格标签、分类标签等，如图 4-64 所示。

139

图 4-64　标签

4.6.2　放大商品的局部特征

在网店中，除了将商品整体展现出来，还可以将商品的局部进行放大显示，从而吸引买家的注意。将商品图片局部放大可以展示商品的品牌、价格及不同之处，使当前商品的局部特征更加醒目，如图 4-65 所示。

图 4-65　局部特征放大

4.6.3　调整细节增加商品视觉效果

如果直接为网店中的商品更换一个背景，那么会使整个广告看起来平庸而没有生机；如果在这个基础上调整背景，添加倒影或投影，就会使商品看起来更立体，也更加吸引人，如图 4-66 所示。

图 4-66　倒影与投影

第5章

能提升网店流量的图片的设计与制作

本章重点：

- ✦ 设计店标
- ✦ 直通车图片设计
- ✦ 钻展图片设计
- ✦ 店招设计
- ✦ 全屏通栏首屏广告制作
- ✦ 其他区域广告制作
- ✦ 宝贝分类设计
- ✦ 店铺收藏与客服图片制作
- ✦ 店铺公告模板设计与制作
- ✦ 详情页
- ✦ 为图片创建切片后导出

第 5 章　能提升网店流量的图片的设计与制作

本章主要为大家介绍吸引买家的视觉图的制作和店铺首页可设计元素组成部分的制作。通过设计视觉图，可以直接把买家吸引到店铺中。在买家进入店铺之前，店主可通过同类店铺的店标吸引买家，或者通过直通车或钻展图效果吸引买家；店铺首页可设计元素主要包括首屏广告、轮播图、自定义区域图片设计等，每个区域在店铺首页都有自己的作用与特点。

在设计与制作各个区域时，我们应该了解各个区域的尺寸，对于店铺装修来说，了解店铺的布局非常重要，如图 5-1 所示。

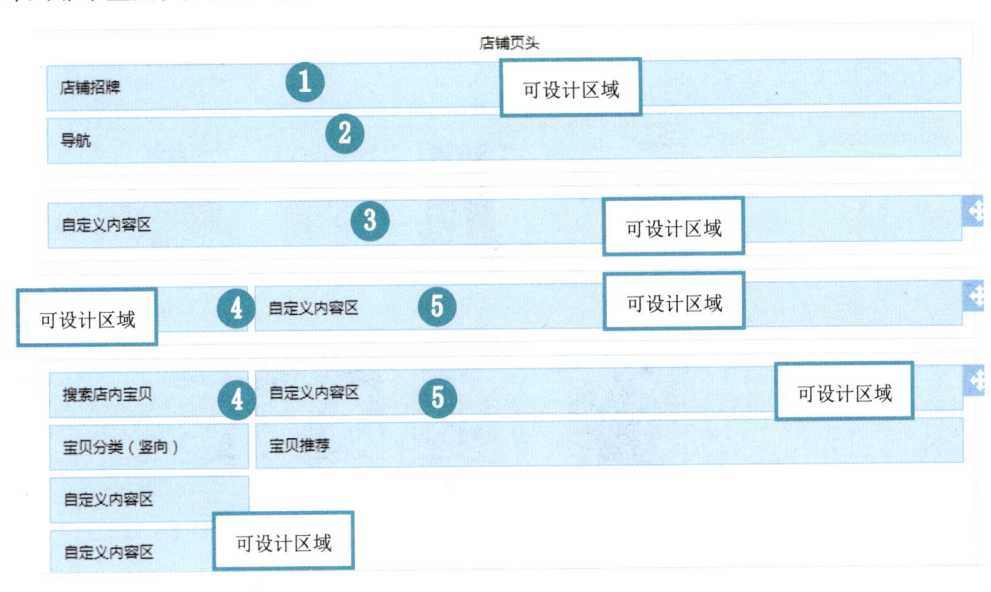

图 5-1　店铺首页各区域布局

其中各区域的尺寸如下：

❶店铺招牌：950 像素×120 像素、全屏店招 1920 像素×120 像素、带导航店招和全屏店招背景 1920 像素×150 像素。

❷导航：950 像素×30 像素。

❸自定义内容区：此处可以放置首屏广告图和轮播图，其中标准广告图为 950 像素×随意高度、全屏首屏广告图为 1920 像素×随意高度、标准轮播图为 950 像素×（100～600）像素、全屏轮播图为 1920 像素×（100～600）像素。

❹自定义内容区：宽度为 190 像素、高度随意（除轮播图高度为 100～600 像素外）。

❺自定义内容区：宽度为 750 像素、高度随意（除轮播图高度为 100～600 像素外）。

5.1 设计店标

店标就是网上店铺的标志，也就是我们常说的 Logo，文件格式为 GIF、JPG、JPEG、PNG，文件大小在 80KB 以内，建议尺寸为 100 像素×100 像素。在还没有进入淘宝店铺之前，搜索同类店铺时，可以在左侧看到店标，在右侧看到该店铺出售的相关商品，如图 5-2 所示。

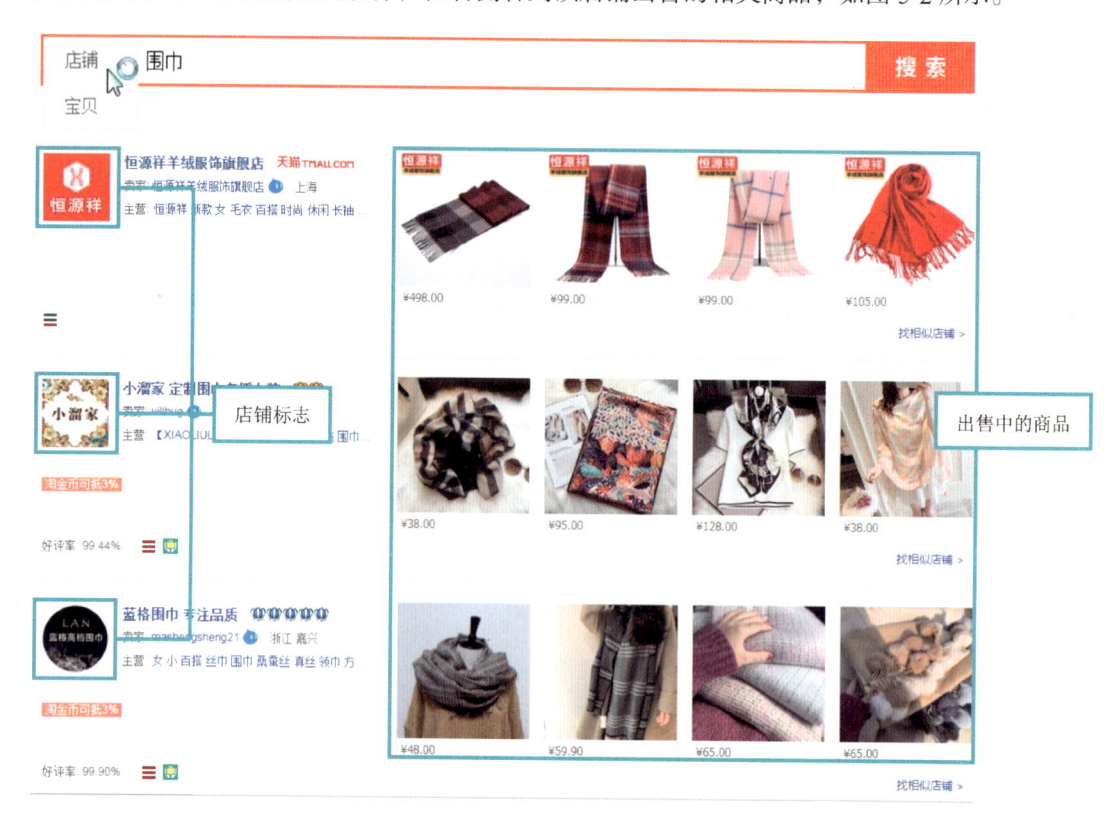

图 5-2　店标和出售中的商品

5.1.1　店标设计的原则

店标设计的原则有两个：一是以设计为主，要求构图有创意、新颖、富有个性；二是以实物为主，要求有内涵，能体现店铺个性特征和独特品质，可以直接看出经营商品，如图 5-3 所示。

第 5 章　能提升网店流量的图片的设计与制作

图 5-3　按不同原则设计的店标

5.1.2　店标的作用

　　店标可以通过一定的图案、颜色向消费者传达店铺信息，以达到说明商品、促进销售的目的。店标能够使消费者产生经营商品类别或行业的联想。风格独特的标识能够刺激消费者产生幻想，从而对该店铺产生好的印象。

5.1.3　店标的设计构思

　　店标的设计可以通过文字、字母的组合得到理想的设计风格，还可以通过图片进行显示，让浏览者了解设计者的制作思路，将制作时用到的标准色附加到演化过程的旁边，让浏览者知道店标设计时使用的颜色，如图 5-4 所示。

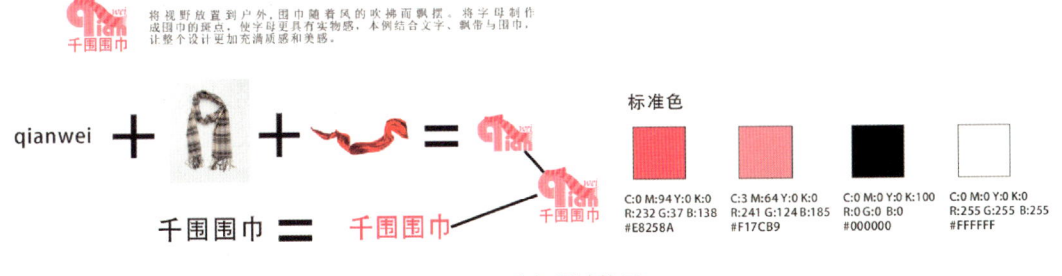

图 5-4　店标设计构思

145

5.1.4 店标的制作过程

店标的具体制作过程已经很明显，包括提取关键字或首字母。将字母和图案结合，完成标志的构思，本节以店标"千围围巾"为设计蓝本，由于直接按照 100 像素×100 像素的大小进行编辑，图片太小，操作起来不是很方便，所以我们先将其大小创建为店标的 5 倍大，之后再将其缩小，这样便于操作，具体操作步骤如下。

操作步骤

1. 启动 Photoshop，执行菜单命令"文件/新建"，打开"新建"对话框，参数值设置如图 5-5 所示。

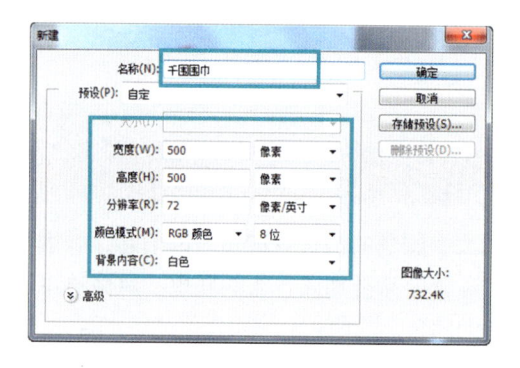

图 5-5　"新建"对话框

2. 设置完毕单击"确定"按钮，系统会新建一个空白文档，使用 T（横排文字工具）键入一个字母 q，如图 5-6 所示。

3. 按住 Ctrl 键的同时，点击文字图层的缩略图，调出文字的选区，如图 5-7 所示。

图 5-6　键入字母 q　　　　　　　　图 5-7　调出选区

4. 新建一个图层，执行菜单命令"选择/修改/收缩"，打开"收缩选区"对话框，设置"收缩量"为"5 像素"，单击"确定"按钮完成选区收缩，如图 5-8 所示。

第 5 章　能提升网店流量的图片的设计与制作

图 5-8　收缩选区

5. 将选区填充为"白色",设置"不透明度"为 40%,转换到"路径"面板中,单击 ◇（从选区生成工作路径）按钮,将选区转换成路径,如图 5-9 所示。

图 5-9　将选区转换成路径

6. 新建一个图层,选择 ✎（画笔工具）设置前景色为"白色",按 F5 键打开"画笔"面板,其中的参数值设置如图 5-10 所示。

7. 在"路径"面板中,单击 ○（用画笔描边路径）按钮,为路径描边,如图 5-11 所示。

图 5-10　设置画笔　　　　　　　　　图 5-11　路径描边

147

8. 使用同样的方法制作另外几个字母，效果如图 5-12 所示。

图 5-12　字母效果

9. 新建一个图层，使用 ■（矩形工具）绘制一个矩形，执行菜单命令"编辑/变换/变形"，调出变换框后拖动控制点将图形变形，如图 5-13 所示。

图 5-13　变形

10. 按回车键完成变换，使用同样的方法制作一个颜色深一点儿的图形，将其进行旋转，如图 5-14 所示。

最终效果

图 5-14　绘制图形

11. 执行菜单命令"图层/创建剪切蒙版"，效果如图 5-15 所示。

图 5-15　剪切蒙版

12. 按住 Alt 键的同时拖曳图形，复制几个副本，再将多个图形一同选取，将其进行位置和旋转调整，效果如图 5-16 所示。

图 5-16　复制并旋转

13. 新建一个图层，再使用 （钢笔工具）绘制一个飘动的围巾路径，按 Ctrl+Enter 组合键，将路径转换成选区，将选区填充为淡粉色，效果如图 5-17 所示。

图 5-17　绘制围巾路径

149

14. 按 Ctrl+D 组合键去掉选区，使用前面剪切蒙版的方法，为飘动的围巾添加剪切蒙版效果，效果如图 5-18 所示。

15. 将围巾所在的图层全部选取，执行菜单命令"图层/新建/从图层建立组"，效果如图 5-19 所示。

图 5-18　添加"剪切蒙版"　　　　　图 5-19　从图层建立组

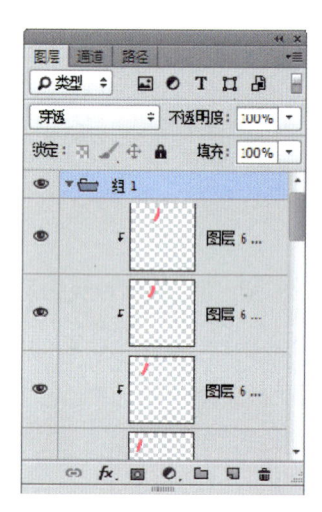

16. 执行菜单命令"图层/图层样式"，勾选"投影"，其中的参数值设置如图 5-20 所示。

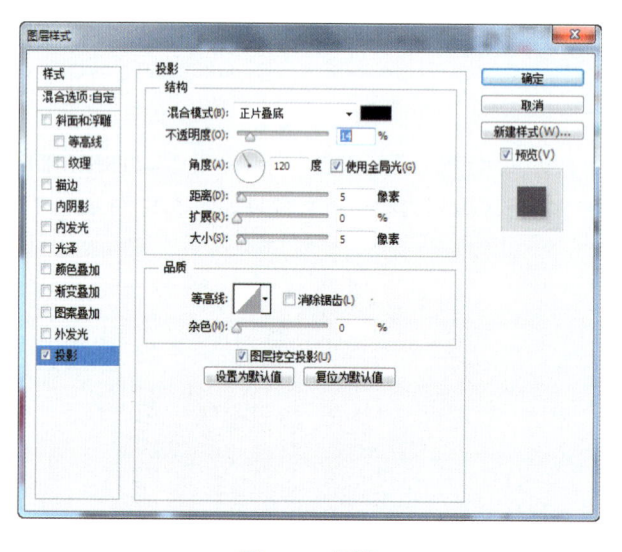

图 5-20　投影

第 5 章　能提升网店流量的图片的设计与制作

17. 设置完毕单击"确定"按钮，再使用 T.（横排文字工具）键入其余的文字，效果如图 5-21 所示。

图 5-21　键入其余的文字

18. 执行菜单命令"图层/拼合图像"，将其图层合并，再执行菜单命令"图像/图像大小"，将大小调整为 100 像素，如图 5-22 所示。

图 5-22　图像大小

19. 设置完毕单击"确定"按钮，至此"千围围巾"店标制作完毕，如图 5-23 所示。

图 5-23　店标

20. 对于不同产品可以设计出不同的店标，图 5-24 所示为各种店标设计。

151

图 5-24　各种店标

5.1.5　发布店标

店铺开张后的第一件事就是为店铺挂上店标，在店铺的注册流程中需要上传店标并填写"店铺名称""店铺简介""经营类型"等信息，如图 5-25 所示。在店铺开始运营后，如果对之前的店标不满意想换一个，要先将设计好的店标准备好，具体替换方法如下。

图 5-25　填写信息

第 5 章　能提升网店流量的图片的设计与制作

操作步骤

1. 在淘宝中进入后台，在页面左侧执行"店铺管理/店铺基本设置"命令，进入"店铺基本设置"页面，此时我们只要单击店标下面的"上传图标"按钮即可，如图 5-26 所示。

图 5-26　选择"上传图标"按钮

2. 单击"上传图标"按钮后，系统会弹出"打开"对话框，选择设计制作的"围巾店标"文件，如图 5-27 所示。

图 5-27　选择"围巾店标"文件

153

3. 选择完毕后单击"打开"按钮,此时在淘宝中搜索店铺便可以看到新设置的店标效果,如图 5-28 所示。

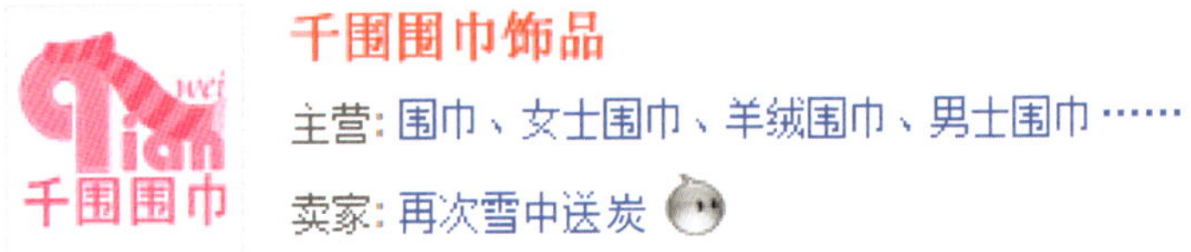

图 5-28 店标

5.2 直通车图片设计

对于淘宝美工而言,制作直通车图片是一件非常重要的事,因为在买家还没有进入店铺或详情页之前,看到的只有直通车图片,所以一张直通车图片在淘宝运营和推广中具有非常重要的作用。直通车推广要想吸引浏览者,并带来流量,首先要做好图片的视觉优化和文字的精细排版,如图 5-29 所示。

图 5-29 淘宝中的直通车图片

5.2.1 直通车图片的设计原则

淘宝直通车推广要吸引浏览者点击,并引来流量,除了要做好文字的精细排版,推广图制作也是很重要的。千万别小看这小小的推广图,在有效地为店铺带来流量甚至提高转化率方面,它都起着不小的作用。

直通车图片的设计,可以直接影响店铺商品的销量,在设计图片时,要从吸引买家、传达主体信息及设计要领等方面进行细致制作。

吸引买家

在定位之后,制作直通车图片首先要考虑商品的卖点,将卖点放置到直通车图片中,并将其放大,可以更加直接地辅助商品吸引流量。以下便是不同卖点的总结,如图 5-30 所示。

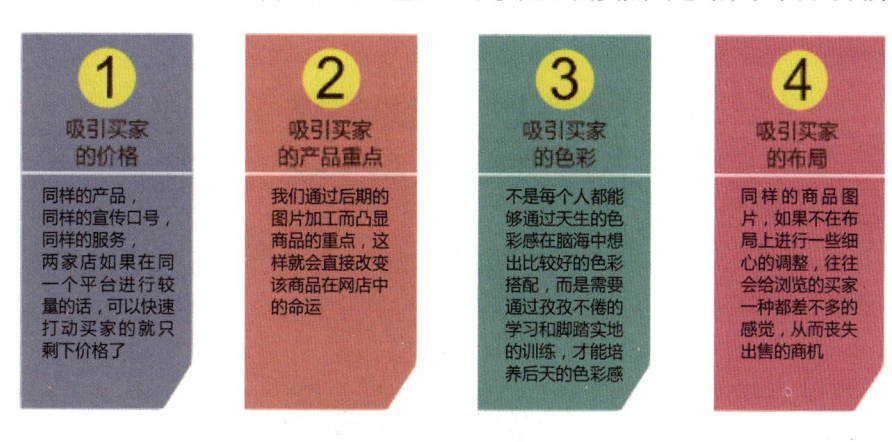

图 5-30　不同的卖点

1)吸引买家的价格

同样的商品、同样的宣传口号、同样的服务,两家店铺如果在同一个平台进行较量,那么可以快速打动买家的就只剩下价格了,哪怕只是差一分钱或在原有价格上有轻微折扣,在视觉和买家心理上也会起主导作用,这就是价格的魅力。从视觉上显示商品的价格,就会起到吸引买家的效果,如图 5-31 所示。

图 5-31　吸引买家的价格

155

温馨提示：在对商品图片进行价格编辑时，应该避开商品的第一视觉，让买家先看到品牌，再看到促销价格，这样可以让买家在心理上接受当前品牌商品的价格，从而达到成交的目的。

2）吸引买家的产品重点

在网上卖东西说白了就是卖图片，商品再好，如果拍出的图片不吸引人，那么销售情况也不会很乐观。如果我们通过后期的图片加工突出商品的重点，就会改变商品的销售情况，图 5-32 所示就是通过添加文字或修饰来凸显商品重点。

图 5-32　吸引买家的产品重点

3）吸引买家的色彩

如果一个商品的颜色与背景色相同或相近，就很容易使商品的辨识度降低，同时也很难使消费者的注意力集中在商品上，但是完美的色彩搭配可以凸显出商品，如图 5-33 所示。

图 5-33　吸引买家的色彩

温馨提示

在设计直通车图片的时候，要懂得选择背景色，或者尽量在拍摄中使用与商品本身色彩差异较大的背景色，但是也不要让背景色太过于复杂，否则很容易使商品图片的主导地位受到影响。

4）吸引买家的布局

淘宝直通车图片的布局就是构图，一个好的构图可以给浏览者很好的视觉感觉。直通车图片的构图方式主要有以下七种，如图 5-34 所示。

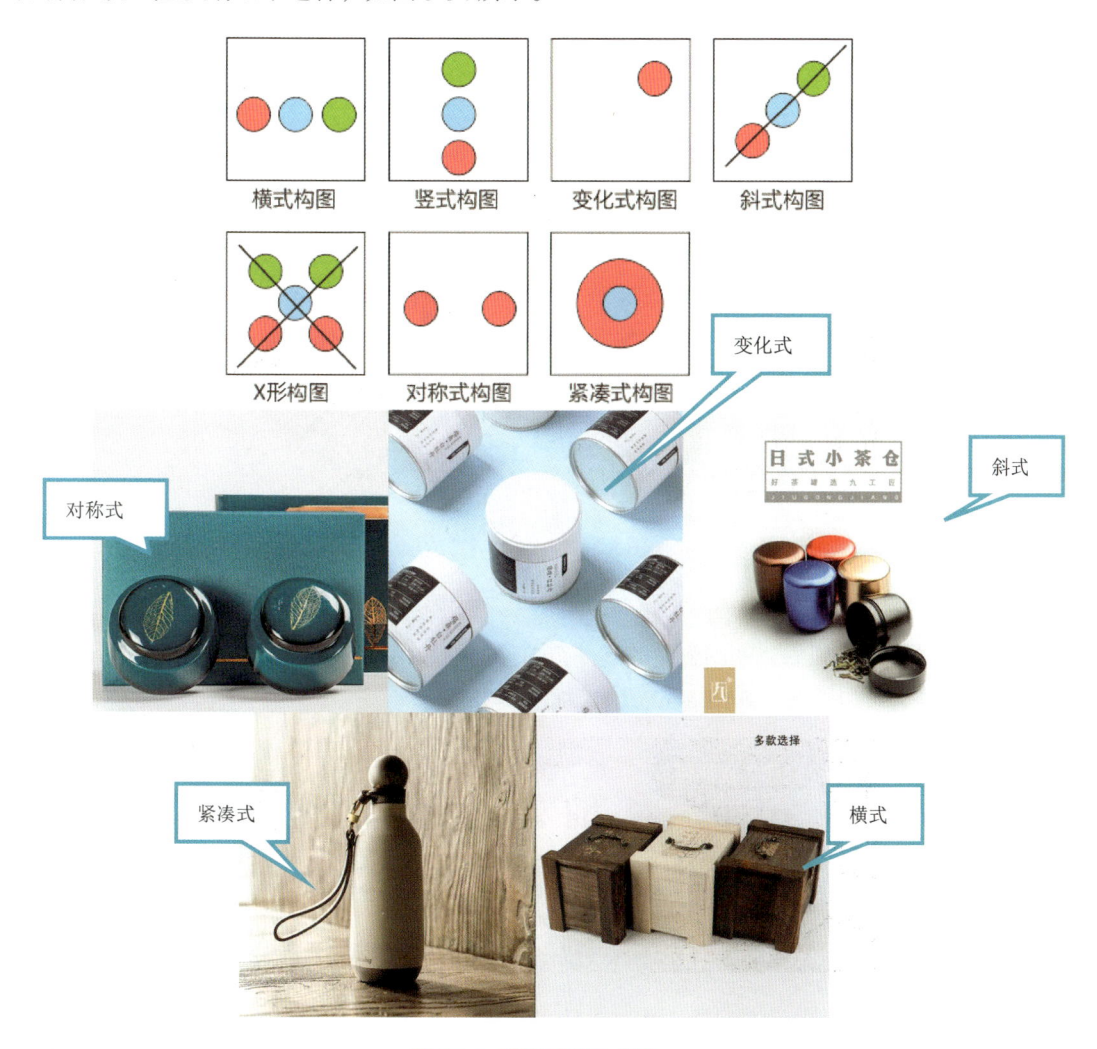

图 5-34　吸引买家的布局

传达主体信息

明确卖点之后，就要对直通车图片进行后期设计了，在设计中应该考虑的无非就是以下三点，如图 5-35 所示。

图 5-35　传达主体信息

1）单独宝贝展示

没有文案参与，宣传推广图片中只有宝贝本身，在拍摄这样的图片时要注意背景及色彩的搭配，或者后期对图片进行色彩或凸显主体的加工，推荐使用 Photoshop 软件，如图 5-36 所示。

图 5-36　单独宝贝展示

2）宝贝+文案

宝贝图片编辑完成后，使用合适的软件在图片上加入相应的文案，文案也需要进行排版，这样看起来才会舒服一些，如图 5-37 所示。

图 5-37　宝贝+文案

3）宝贝与文案创意结合

本单元可以是大量的图片素材合成图像，也可以是文字结合图形与图像合成一体，使直通车整体看起来非常绚丽多彩，如图 5-38 所示。

图 5-38　宝贝与文案创意结合

设计要领

在对直通车图片进行设计时，一定要了解图片设计的一些要领，这样才能使商品在成千上万的宝贝中脱颖而出，具体的要领如图 5-39 所示。

图 5-39　直通车的设计要领

1）明确卖点

众所周知，直通车图片就是商品主图的第一张展图。在设计直通车图片时，首先要考虑该图片应该让买家第一时间知道什么，无论商品价格、商品功能还是商品本身，在设计时都要将重点凸显出来，一定不要让主要部分与次要部分平分秋色，让买家分不清主次。在制作直通车图片时通常不会只做一张，可以在不同的直通车图片中展示不同的卖点，如图 5-40 所示。

2）文案辅助

在缩小商品图片的时候，商品会相应变模糊，因此在缩小商品图片后应适当锐化一次，最多不要超过两次，这样商品看上去更有质感。缩小之后的图片切勿放大，如果觉得商品图片缩放得太小了，就用拍摄的高精度原图重新缩放。主图部分调整清晰后，辅助文本也需要整齐、统一，缺一不可。整齐即所有文字或左或中或右对齐；所谓统一，就是字体、样式、颜色、大小、行距、字距等统一，对于其中的重点信息可以通过改变字号或字体颜色来体现。

图 5-40　明确卖点

对于展示文案的具体内容，必须要分析商品及受众消费群体，提炼出最重要的信息予以展示。例如功能类商品以展示功效为主，优势突出的商品以展示优势为主，同时也可以考虑给消费者更多的选择空间。切勿盲目展示，否则得不偿失，如图 5-41 所示。

图 5-41　文案辅助

3）差异化设计

店铺中的差异化设计说白了就是与众不同，区别于其他店铺中使用的商品图片，例如为面膜做直通车图片，当别人只展示产品本身的时候，我们可以在图片中展示商品使用前后对比的效果，或者对商品图片进行创意设计；又如做衣服的直通车图片，现在很多店铺使用模特进行拍摄，这时我们可以考虑挂牌或摆拍，使自己店铺的图片不同于其他店铺的图片，如图 5-42 所示。

图 5-42　差异化设计

第 5 章　能提升网店流量的图片的设计与制作

5.2.2　直通车在淘宝中的位置

　　在淘宝上，直通车出现在搜索宝贝结果页面下方（48 个广告位）、右侧（13 个广告位）、宝贝结果页的最下端（5 个广告位）。搜索页面可一页一页往后翻，展示位以此类推，展现形式是图片+文字，如图 5-43 所示。其他的展示位："已买到宝贝"页面中的掌柜热卖、"我的收藏"页面中的掌柜热卖、"每日焦点"中的热卖排行。直通车活动展示位：淘宝首页下方的热卖单品、各个子频道下方的热卖单品等。天猫页面下方的直通车展示位：通过输入关键词或单击搜索类目，在搜索结果页面最下方"商家热卖"的位置。

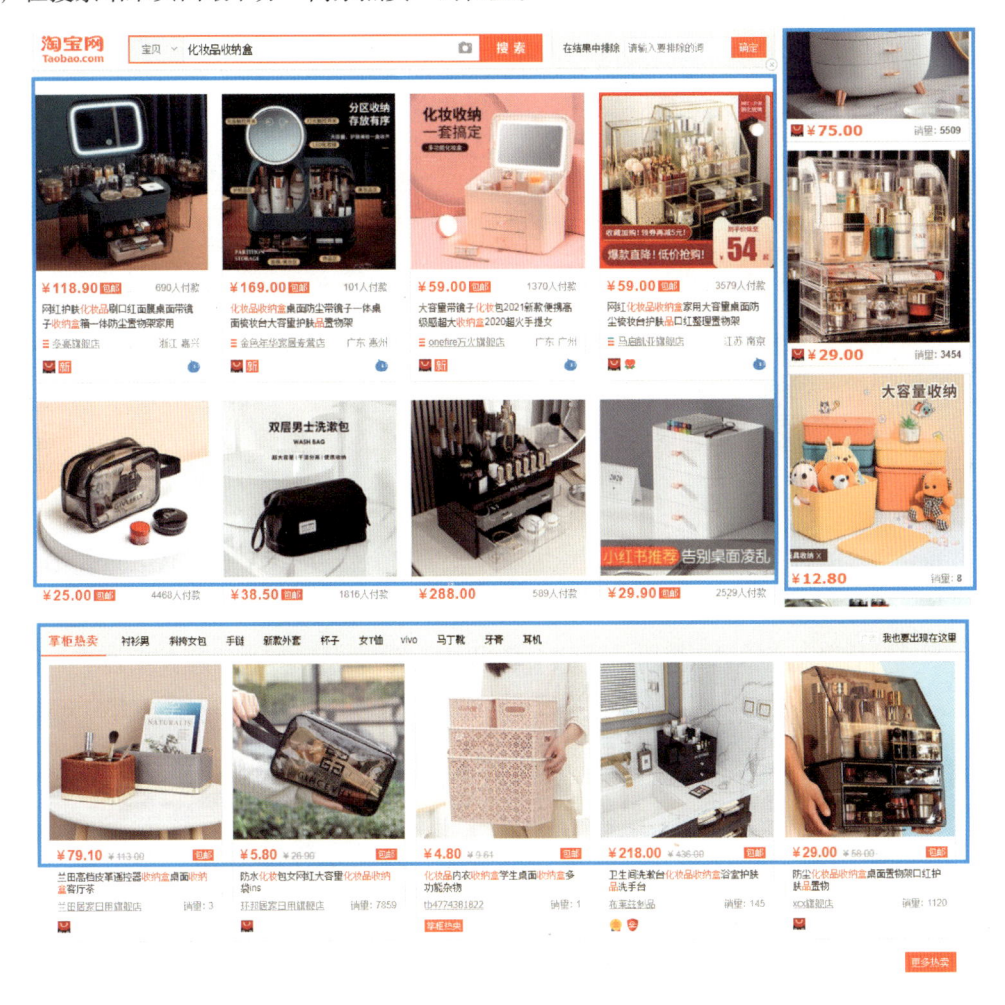

图 5-43　直通车位置

161

5.2.3　设计与制作直通车图片

直通车图片就是上传的宝贝图片中的第一张图片，在设计制作时，直通车图片尺寸为 800 像素×800 像素，文字最好与图片相呼应并突出重点。本节以围巾为例制作一张直通车图片，具体操作步骤如下。

操作步骤

1. 打开 Photoshop CC 软件，新建一个"宽度"为 800 像素、"高度"为 800 像素、"分辨率"为 72 像素/英寸、"背景色"为黄色的图层，再在右侧使用 ☒（多边形套索选区工具）绘制一个三角形选区，将其填充为"橘色"，如图 5-44 所示。

2. 新建一个图层，选区填充为"黄色"，设置"不透明度"为 39%，效果如图 5-45 所示。

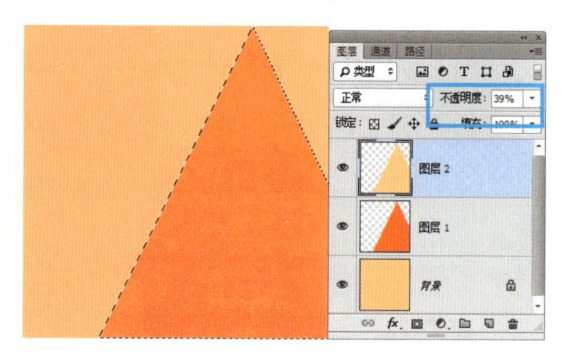

图 5-44　新建图层　　　　　　图 5-45　填充颜色、设置不透明度

3. 新建一个图层，执行菜单命令"编辑/描边"，打开"描边"对话框，其中的参数值设置如图 5-46 所示。

4. 设置完毕单击"确定"按钮，按 Ctrl+D 组合键去掉选区，效果如图 5-47 所示。

图 5-46　"描边"对话框　　　　　　图 5-47　描边后

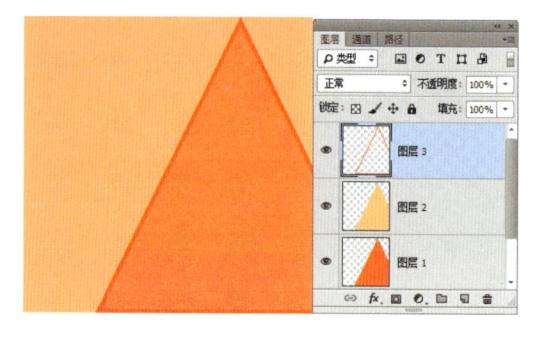

5. 打开之前制作的店标素材，执行菜单命令"编辑/定义图案"，打开"图案名称"对话框，如图 5-48 所示。

图 5-48 "图案名称"对话框

6. 设置完毕单击"确定"按钮，将店标定义成图案，回到直通车文档中，在图层 3 的下方新建一个图层 4，执行菜单命令"编辑/填充"，打开"填充"对话框，其中的参数值设置如图 5-49 所示。

7. 设置完毕单击"确定"按钮，设置混合模式为"线性加深"、"不透明度"为 15%，效果如图 5-50 所示。

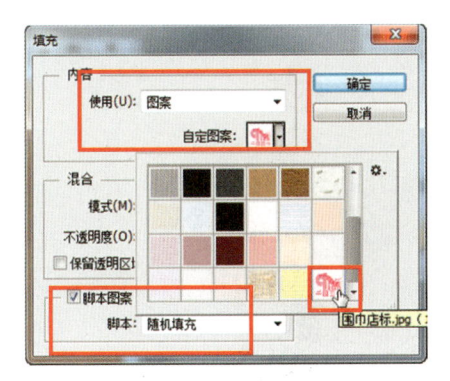

图 5-49 "填充"对话框　　　　　图 5-50 图层 4 设置效果

8. 打开一张围巾素材，将其拖曳到直通车文档中，效果如图 5-51 所示。

图 5-51 移入素材

163

9. 选择图层3，单击 ◻ （添加图层蒙版）按钮，为图层3添加一个图层蒙版，使用 ◻ （画笔工具）在人物相接的区域涂抹黑色，效果如图5-52所示。

10. 使用 ◻ （直线工具）绘制三条白色直线，效果如图5-53所示。

图 5-52　编辑蒙版　　　　　　　　　　图 5-53　绘制直线

11. 新建一个图层，使用 ◻ （画笔工具）绘制一个白色墨迹笔触，效果如图5-54所示。

图 5-54　绘制白色墨迹笔触

12. 使用 ◻ （矩形工具）绘制矩形并调整不透明度，再使用 ◻ （横排文字工具）键入合适的文字，至此本例制作完毕，效果如图5-55所示。

图 5-55　最终效果

5.3 钻展图片设计

淘宝钻展位用图片吸引买家进店，看似简单的钻展图片，制作起来却十分有难度。图片是否吸引人、图片制作规格是否符合淘宝规定等，都需要设计者了解。好的淘宝钻展图片绝对可以为店铺带来流量，钻展图片在淘宝首页、淘宝频道、淘宝站外均设有钻展位，尺寸有 50 多种，图 5-56 为淘宝首页的钻展图。

图 5-56　淘宝首页的钻展图

5.3.1 钻展图片的设计原则

一个钻展位置的投放，前期要经过大量的数据分析及投入产出比预算，才能把广告位确定下来，这可不是一件容易的事情。毕竟是花钱做广告，若没有足够的把握，商家也不会贸然行事。因此，在进行钻展广告投放时，商家对钻展图片的要求也十分严格。钻展图片就是一个店铺的迎宾图，将其做好了就会带来巨大的流量。

钻展图片的设计原则与直通车图片的设计原则基本相同，只是在设计时比直通车图片要更加严格。

技巧：由于淘宝首页不允许出现 Flash 广告，所以只能用 JPG 格式或 GIF 格式的图片。字体建议使用宋体、黑体。

165

> **温馨提示**
>
> 钻展位的特点主要有以下两点：
>
> 一是范围广。覆盖全国大约 80% 的网上购物人群，每天有超过 12 亿次的展现机会。
>
> 二是定向精准。目标定向强，迅速锁定目标人物，广告投其所好，加大订单转化量。

5.3.2 钻展图片主图设计与制作

钻展主图就是淘宝首页第一屏中的大焦点图，在设计主图时要先掌握其图片尺寸规格、色彩搭配、卖点、文案等内容，本节以女装作为素材进行钻展图制作，具体操作步骤如下。

操作步骤

1. 打开 Photoshop CC 软件，新建一个"宽度"为 520 像素、"高度"为 280 像素空白文档，再打开本例对应的"围巾 01 和围巾 02"素材，将其拖曳到钻展主图文档中，如图 5-57 所示。

图 5-57　新建文档并移入素材

2. 复制图层 1，得到一个图层 1 拷贝层，将其变换大小并移动位置，效果如图 5-58 所示。

图 5-58　变换并移动

第 5 章　能提升网店流量的图片的设计与制作

3. 新建一个图层，使用 ![画笔] （画笔工具）绘制一个红色的墨迹笔触，复制一个副本并将副本调窄，设置混合模式为"线性"，效果如图 5-59 所示。

图 5-59　绘制墨迹笔触并设置混合模式

4. 新建一个图层，使用 ![圆角] （圆角矩形工具）绘制一个白色圆角矩形，设置"不透明度"为 75%，如图 5-60 所示。

图 5-60　绘制白色圆角矩形

5. 按住 Ctrl 键的同时单击"图层 4"的缩略图，调出选区后，执行菜单命令"选择/修改/扩展"，打开"扩展选区"对话框，其中的参数值设置如图 5-61 所示。

167

图 5-61　扩展选区

6. 设置完毕单击"确定"按钮，新建一个图层，执行菜单命令"编辑/描边"，打开"描边"对话框，其中的参数值设置如图 5-62 所示。

图 5-62　"描边"对话框

7. 设置完毕单击"确定"按钮，按 Ctrl+D 组合键去掉选区，设置"不透明度"为 75%，效果如图 5-63 所示。

图 5-63　描边后

8. 新建图层，使用 绘制封闭选区并填充模特衣服的颜色和围巾的颜色，然后按 Ctrl+D 组合键去掉选区，使用 绘制一个黑色正圆，效果如图 5-64 所示。

9. 使用 键入文本，设置文本大小和文字字体及文本颜色，在合适的位置键入文字，至此本例制作完毕，效果如图 5-65 所示。

图 5-64　绘制选区、填充颜色后去掉选区　　　　　图 5-65　最终效果

10. 对于不同产品可以设计出不同风格的钻展图片，图 5-66 所示为各种钻展图。

图 5-66　钻展图

5.3.3　钻展图片右侧小图设计与制作

钻展小图在淘宝首页一屏中仍然起到非常重要的视觉作用，本节以女鞋作为素材进行钻展

169

小图的制作，具体操作步骤如下。

操作步骤

1. 打开 Photoshop CC 软件，执行菜单命令"文件/打开"，打开一张"围巾 03"素材，如图 5-67 所示。

2. 新建一个"宽度"为 200 像素、"高度"为 250 像素的空白文档，使用 （移动工具）将"围巾 03"素材拖曳到新建文档中，调整图像的大小和位置，效果如图 5-68 所示。

图 5-67　素材

图 5-68　新建文档并移入素材

3. 使用 （多边形套索工具）绘制选区，将其填充为"红色"，设置"不透明度"为 60%，效果如图 5-69 所示。

4. 新建一个图层，使用 （直线工具）绘制红色直线，设置"不透明度"为 60%，效果如图 5-70 所示。

图 5-69　绘制选区并填充颜色

图 5-70　绘制红色直线

5. 使用同样的方法绘制黑色图形、红色圆角矩形及线条，如图 5-71 所示。

6. 键入与文档相对应的文案，至此本例制作完毕，效果如图 5-72 所示。

图 5-71　绘制图形　　　　　　　　图 5-72　最终效果

7. 其他大小尺寸的优秀钻展小图，如图 5-73 所示。

图 5-73　钻展小图

5.4　店招设计

一个好的店招会在顾客进入店铺时起到吸引顾客的作用，让顾客知道这个店是卖什么的。在设计店招时，尺寸是必须优先考虑的，否则做好了也不能上传。

5.4.1　店招设计的原则

店招要直观明确地告诉顾客店铺是卖什么的，表现形式最好是实物图片和文字介绍，但是店招中的文字不能太多，如果太多会显得比较乱，如图 5-74 所示。

在制作店招时最好秉承以下四个要点：

- 店招设计要点一：店铺名称（告诉顾客自己店铺是卖什么的，品牌店铺可以标榜自己的品牌）。
- 店招设计要点二：实物照片（直观形象地向顾客展示店铺的商品）。
- 店招设计要点三：产品特点（直接阐述自己店铺产品的特点，第一时间打动顾客，吸引顾客）。
- 店招设计要点四：店铺、产品的优势和差异化（告诉顾客自己的店铺、产品的优势及与其他店铺的不同，形成差异化竞争）。

图 5-74　店招

5.4.2　通栏带导航店招的设计与制作

店招的具体制作思路已经明确，本节以"千围围巾"作为店招的制作目标，首先要明确通栏带导航店招的尺寸为 1920 像素×150 像素，由于是以围巾作为店铺主题，所以以暖色调作为主色调，具体操作步骤如下。

操作步骤

1. 打开 Photoshop CC 软件，执行菜单命令"文件/新建"，打开"新建"对话框，其中的参数值设置如图 5-75 所示。

2. 设置完毕单击"确定"按钮，系统会新建一个空白文档，按 Ctrl+R 组合键调出标尺，从左向右拖出两条辅助线，两条辅助线之间的距离 950 像素，保证在整个店招的中间位置，将前景色设置为"黄色"、背景色设置为"浅橘色"，使用 ■（渐变工具）从中心向外部拖曳鼠标填充"从前景色到背景色"的径向渐变，如图 5-76 所示。

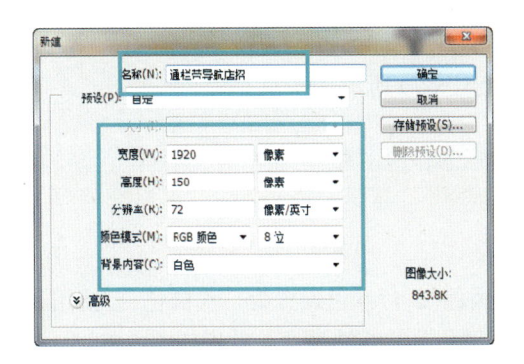

第 5 章　能提升网店流量的图片的设计与制作

图 5-75　"新建"对话框

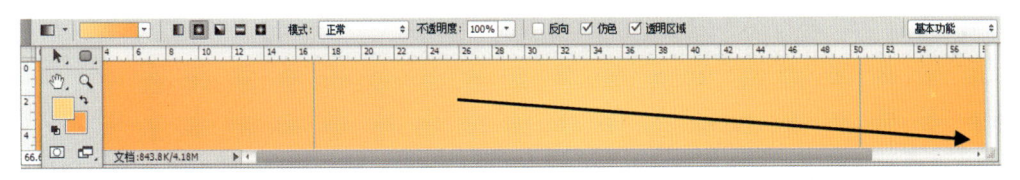

图 5-76　新建文档填充渐变色

3. 执行菜单命令"文件/打开"，打开附带"图案"素材，将其拖曳到新建文档中，调整大小并设置混合模式为"滤色"，效果如图 5-77 所示。

图 5-77　移入素材并设置混合模式

4. 新建一个图层，选择 （画笔工具）载入附带的"云朵"画笔后，在"画笔拾色器"中选择"气泡""云彩"等画笔笔触，然后在文档中绘制气泡和云彩，如图 5-78 所示。

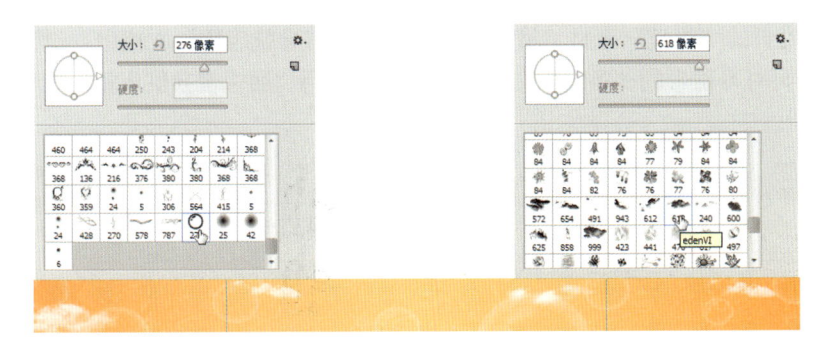

图 5-78　绘制画笔

173

5. 新建一个图层，使用 ▭（矩形选框工具）绘制一个"宽度"为 1920 像素、"高度"为 30 像素的矩形选区，效果如图 5-79 所示。

图 5-79　绘制矩形选区

6. 将前景色设置为"橘色"、背景色设置为"浅橘色"，使用 ▭（渐变工具）从上向下拖曳鼠标填充"从前景色到背景色"的线性渐变，效果如图 5-80 所示。

图 5-80　填充渐变色

7. 设置混合模式为"颜色加深"，打开附带"人物围巾 02"素材，将其拖曳到"通栏带导航店招"文档中，效果如图 5-81 所示。

图 5-81　移入素材（1）

8. 打开附带的"网店店标"素材，将其拖曳到"通栏带导航店招"文档中，设置混合模式为"正片叠底"，效果如图 5-82 所示。

图 5-82　移入素材（2）

9. 打开附带的"飘带"素材，将其拖曳到"通栏带导航店招"文档中，设置混合模式为"颜色减淡"，再打开附带的"圣诞帽"素材，将其拖曳到"通栏带导航店招"文档中，效果如图 5-83 所示。

图 5-83　移入素材（3）

10. 使用 T.（横排文字工具）在文档中的不同位置键入文字，效果如图 5-84 所示。

图 5-84　键入文字

11. 选择"品质保证"文本后，执行菜单命令"图层/图层样式"，勾选"描边"，其中的参数值设置如图 5-85 所示。

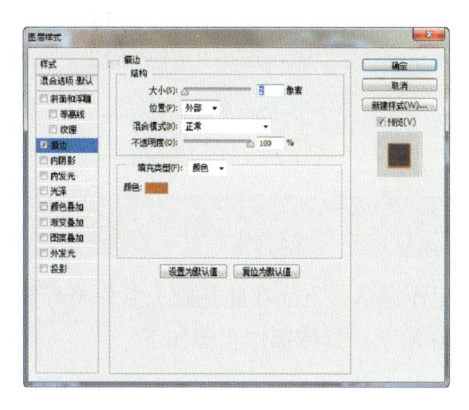

图 5-85　"图层样式"对话框

12. 设置完毕单击"确定"按钮，效果如图 5-86 所示。

图 5-86　描边设置后的效果

13. 在"品质保证"图层上，右击鼠标，在弹出的菜单中选择"拷贝图层样式"，再在其他文本上右击鼠标，在弹出的菜单中选择"粘贴图层样式"，如图 5-87 所示。

图 5-87　拷贝图层样式与粘贴图层样式

175

14. 完成粘贴图层样式后，效果如图 5-88 所示。

图 5-88　粘贴图层样式后

15. 新建图层，在"收藏本店"位置绘制线条，至此本例制作完毕，效果如图 5-89 所示。

图 5-89　最终效果

5.4.3　带导航的标准店招制作

通栏带导航的全屏店招制作完毕，下面在此基础上制作带导航的标准店招，带导航的标准店招尺寸大小为 950 像素×150 像素，具体操作步骤如下。

操作步骤

1. 打开"带导航的全屏店招背景"，选择 （矩形选框工具），在属性栏中设置"样式"为"固定大小"、"宽度"为 950 像素、"高度"为 150 像素，效果如图 5-90 所示。

图 5-90　设置选区属性

2. 新建一个图层并命名为"黑色"，使用 （矩形选框工具）在文档中单击，绘制一个 950 像素×150 像素的矩形选区，将其填充为黑色，如图 5-91 所示。

图 5-91　绘制矩形选区并填充颜色

3. 按 Ctrl+D 组合键去掉选区，将黑色矩形图层与背景图层一同选取，执行菜单命令"图层/对齐/水平居中对齐"，效果如图 5-92 所示。

第 5 章　能提升网店流量的图片的设计与制作

图 5-92　对齐

4. 按住 Ctrl 键单击"黑色"缩略图，调出矩形的选区，将"黑色"隐藏，效果如图 5-93 所示。

图 5-93　调出选区隐藏图层

5. 执行菜单命令"图像/剪裁"，此时带导航标准店招制作完毕，效果如图 5-94 所示。

图 5-94　带导航标准店招

5.4.4　标准店招的制作

带导航的标准店招制作完毕，下面在此基础上制作标准店招，标准店招尺寸大小为 950 像素×120 像素，具体操作步骤如下。

操作步骤

1. 打开刚才制作的"带导航的标准店招"，执行菜单命令"图像/画布大小"，打开"画布大小"对话框，其中的参数值设置如图 5-95 所示。

177

图 5-95 "画布大小"对话框

2. 设置完毕单击"确定"按钮，在弹出的对话框中单击"继续"，此时标准店招制作完毕，效果如图 5-96 所示。

图 5-96 标准店招

5.4.5 带导航的全屏店招背景制作

下面制作带导航的全屏店招背景，带导航的全屏店招大小为 1920 像素×150 像素。打开"通栏带导航店招"并在文档中将导航上的文字进行隐藏，再将其保存为 JPG 格式即可，效果如图 5-97 所示。

图 5-97 带导航全屏店招背景

5.5 全屏通栏首屏广告制作

首屏广告图在店铺中的作用就是吸引买家的眼球，由于处在第一屏的位置，买家进入店铺后第一眼就会看到店招、导航和首屏广告。电脑屏幕的高度是有限的，为了让买家看到整个广告图，必须将广告图的高度进行一下控制，使其能与店招和导航出现在一屏内。现在店铺比较流行全屏通栏广告或焦点图，以让店铺整体看起来更加高端、有档次，如图 5-98 所示。之前宽度为 950 像素的广告图或轮播图已经不经常放置在首屏位置了。

图 5-98　全屏广告或轮播图

5.5.1　全屏广告图设计与制作

全屏广告图通常会被放置到第一屏中，在设计全屏广告图时要考虑首屏的高度，所以这里我们将全屏广告图的"宽度"设置为 1920 像素、"高度"设置为 600 像素，本节以丝巾作为设计与制作的素材，具体操作步骤如下。

操作步骤

1. 新建一个"宽度"为 1920 像素、"高度"为 600 像素的空白文档，再打开一张"丝巾"

素材，使用 ▭（矩形选框工具）在素材上绘制一个矩形选区，如图 5-99 所示。

图 5-99　打开素材并绘制选区

2. 使用 ▶︎（移动工具）将选区内的素材拖曳到新建文档中，按 Ctrl+T 组合键调出变换框，拖动控制点将其调大，效果如图 5-100 所示。

图 5-100　将素材拖入文档

3. 使用 ▭（矩形选框工具），在右侧图像边缘创建一个矩形选区，按 Ctrl+T 组合键调出变换框，拖动控制点将其调宽，效果如图 5-101 所示。

图 5-101　变换

4. 使用同样的方法，将左侧边缘也拉宽，效果如图 5-102 所示。

图 5-102　拉宽

5. 单击 （创建新的填充或调整图层）按钮，在弹出的菜单中选择"色相/饱和度"命令，打开"色相/饱和度"属性面板，调整各个参数值后效果如图 5-103 所示。

图 5-103　调整参数值后的效果

6. 新建图层，使用 （多边形套索工具）在底部绘制多边形选区，为其填充"白色"，效果如图 5-104 所示。

图 5-104　绘制选区并填充白色

7. 新建图层组，在组内再新建一个图层后，绘制一个黑色矩形，调整"不透明度"为 28%，效果如图 5-105 所示。

181

图 5-105　绘制矩形并设置不透明度

8. 新建图层，使用 ▱（多边形套索工具）在黑色矩形底部绘制多边形选区，为其填充"黄色"，效果如图 5-106 所示。

图 5-106　绘制选区并填充颜色

9. 按 Ctrl+D 组合键去掉选区，在页面中绘制白色矩形，在合适位置键入白色和黑色文字，效果如图 5-107 所示。

图 5-107　绘制矩形并键入文字

182

10. 使用 绘制白色和黑色的圆点，效果如图 5-108 所示。

图 5-108　绘制圆点

11. 此时右侧的矩形区域制作完毕，下面再制作左侧区域的内容，新建一个图层组再新建一个图层，使用 绘制一个选区，然后将其填充为"橙色"，设置"不透明度"为 68%，效果如图 5-109 所示。

图 5-109　填充颜色并设置不透明度

12. 按 Ctrl+D 组合键去掉选区，打开一张"围巾店标"，将其拖曳到新建文档中并调整大小和位置，设置混合模式为"明度"，效果如图 5-110 所示。

13. 新建图层，使用 围绕标志绘制四条白色直线，使用 绘制一个白色矩形框，效果如图 5-111 所示。

图 5-110　移入素材　　　　　　　　图 5-111　绘制直线和矩形框

183

14. 使用 T.（横排文字工具）在右侧底部键入黑色文字，使用 /.（直线工具）绘制一条黑色修饰线，至此本例制作完毕，效果如图 5-112 所示。

图 5-112　最终效果

温馨提示　店铺有时会将首屏制作为轮播图，所以我们必须制作两个以上全屏广告，这样可以方便制作轮播图，图 5-113 所示为另一张全屏广告的制作流程图，只要更换模特就可以得到多个效果，具体制作步骤大家可以查看本书配套资源中的视频。

图 5-113　全屏广告

第 5 章 能提升网店流量的图片的设计与制作

图 5-113 全屏广告（续）

5.5.2 标准 950 广告图制作

950 像素×600 像素的广告图我们可以在全屏广告的基础上进行裁剪，具体操作如下。

操作步骤

1. 打开制作好的全屏广告图，选择　（矩形选框工具），在属性栏中设置"样式"为"固定大小"、"宽度"为 950 像素、"高度"为 600 像素，如图 5-114 所示。

图 5-114 设置选区属性

2. 使用　（矩形选框工具）在文档中绘制一个 950 像素×600 像素的矩形选区，调整选区所在的位置，如图 5-115 所示。

3. 执行菜单命令"图像/裁剪"，此时会将全屏广告按照 950 像素的宽度进行裁剪，效果如图 5-116 所示。

4. 另一张全屏广告裁剪为标准 950 广告图后的效果，如图 5-117 所示。

图 5-115　绘制矩形选区并调整位置

图 5-116　最终效果

图 5-117　950 广告图

技巧：在图像中裁剪图像还可以使用 （裁剪工具），如果图像位置不在范围内，可以将需要的元素向内部移动一下，再进行裁剪。

5.6　其他区域广告制作

除了通栏的自定义区域，淘宝店铺还有将通栏分为两部分的自定义区域，宽度分别为 190 像素和 750 像素，这两部分自定义区域可以插入设计的广告图或者设计好布局的陈列区内容，同时也为店内的宝贝进行广告宣传。

5.6.1　750 广告图设计与制作

以围巾店铺作为装修对象，下面就为大家讲解 750 自定义广告的制作方法，如果想制作 750 自定义广告，就得将宽度限制在 750 像素以内，高度无限制。具体操作步骤如下。

操作步骤

1. 启动 Photoshop，新建一个"宽度"为 750 像素、"高度"为 400 像素的空白文档，再打开"750 背景和披肩"素材，如图 5-118 所示。

图 5-118　打开素材

2．使用 将"750 背景和披肩"素材中的图形移入新建文档中，并调整其位置和大小，效果如图 5-119 所示。

图 5-119　移入素材

3．使用 键入红色英文 NEW，新建一个图层，使用 绘制一个红色正圆，如图 5-120 所示。

图 5-120　键入文字、绘制正圆

187

4. 按住 Ctrl 键在文字图层的缩略图上单击，调出文字的选区，如图 5-121 所示。

图 5-121　调出选区

5. 执行菜单命令"选择/载入选区"，打开"载入选区"对话框，其中的参数值设置如图 5-122 所示。

6. 设置完毕单击"确定"按钮，选区填充为"白色"，按 Ctrl+D 组合键去掉选区，效果如图 5-123 所示。

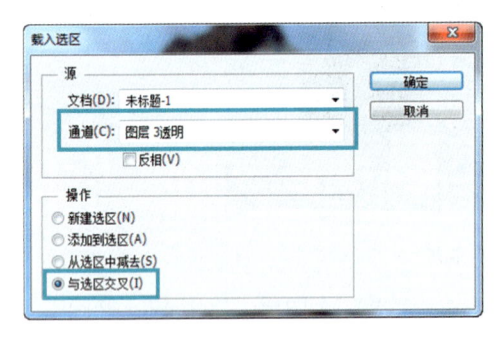

图 5-122　"载入选区"对话框　　　　　　图 5-123　填充选区颜色

7. 新建图层，使用 ▭ （矩形工具）绘制矩形，再使用 T （横排文字工具）键入本区域的其他文字，如图 5-124 所示。

8. 将文字图层、正圆与矩形图层一同选取，按 Ctrl+E 组合键将其合并为一个图层，按 Ctrl+T 组合键调出变换框，按住 Ctrl 键的同时调整控制点制作透视效果，如图 5-125 所示。

9. 按回车键完成变换，使用同样的方法制作其他区域的透视文字，效果如图 5-126 所示。

10. 新建图层，使用 ○ （椭圆工具）绘制两个红色正圆，调整"不透明度"为 26%，至此本例制作完毕，效果如图 5-127 所示。

第 5 章　能提升网店流量的图片的设计与制作

图 5-124　绘制矩形并键入文字

图 5-125　设置透视效果

图 5-126　其他区域的文字效果

图 5-127　最终效果

5.6.2　190 广告图设计与制作

以围巾店铺作为装修对象，下面就为大家讲解一下 190 自定义广告的制作方法，该广告图可以放置在左侧或右侧，宽度限制在 190 像素以内，高度无限制。具体操作步骤如下。

操作步骤

1. 启动 Photoshop，新建一个"宽度"为 190 像素、"高度"为 400 像素的橘色文档，新建一个图层，使用 （多边形套索工具）绘制一个三角形选区，将其填充为"青色"，此时背景如图 5-128 所示。

2. 按 Ctrl+D 组合键去掉选区，打开一张"海边"素材，将素材拖曳到新建文档中并调整大小和位置，设置混合模式为"滤色"、"不透明度"为 40%，效果如图 5-129 所示。

3. 打开一张"男士围巾"素材，将素材拖曳到新建文档中并调整大小和位置，效果如图 5-130 所示。

4. 使用 （横排文字工具）在页面中键入文字，然后调整文字字体和颜色，效果如图 5-131 所示。

189

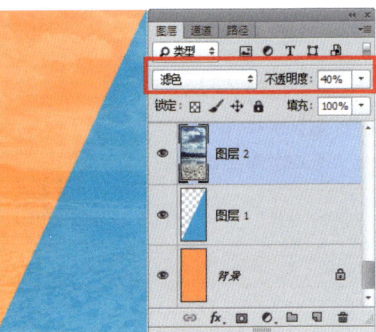

图 5-128　背景　　　　　　　　　　　图 5-129　移入素材

图 5-130　移入素材　　　　　　　　　图 5-131　键入文字

5. 新建图层，绘制衬托文字的白色正圆、黑色线条及颜色块，至此本例制作完毕，效果如图 5-132 所示。

图 5-132　最终效果

190

5.6.3 陈列区图像设计与制作

在设计淘宝店铺首页的各个元素时，除了店招、广告图，大多数的店铺都会在首页添加一个图像陈列区。陈列区可以放在第二屏或第三屏，宽度是标准通栏的 950 像素，也可以在 750 像素的水平分开区域。商品图片的布局会直接影响店铺的美观，所以我们可以定义店铺的风格，许多店铺都是使用陈列图来吸引买家目光的。在具体的装修过程中，可以使用的陈列区布局主要有水平、垂直和任意三种。

以围巾店铺作为装修对象，下面就为大家讲解一下宽度为 950 像素、高度无限制的陈列区图像的设计与制作，具体操作步骤如下。

操作步骤

1. 启动 Photoshop，新建一个"宽度"为 950 像素、"高度"为 400 像素的空白文档，打开本书配套资源中的"001""002""003""004""005"素材，将素材分别拖曳到新建文档中并调整其大小，如图 5-133 所示。

图 5-133　移入素材并调整大小

2. 新建图层，绘制一个 190 像素×400 像素的橘色矩形，复制四个副本并将其拖曳到其他"围巾"所在的位置，设置"不透明度"为 60%，效果如图 5-134 所示。

图 5-134 绘制矩形并调整不透明度

3. 使用 T (横排文字工具)键入文字,使用 (自定义形状工具)绘制箭头,效果如图 5-135 所示。

图 5-135 键入文字并绘制箭头

4. 选择最左边的文字,执行菜单命令"图层/图层样式/描边和外发光",分别设置"描边"和"外发光"的参数值,如图 5-136 所示。

192

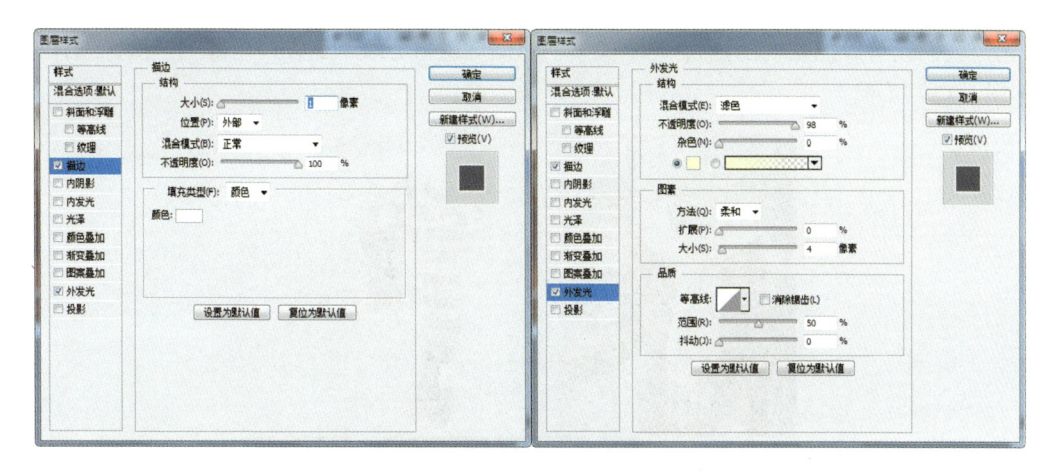

第 5 章　能提升网店流量的图片的设计与制作

图 5-136　图层样式

5. 设置完毕单击"确定"按钮，设置"填充"为 23%，效果如图 5-137 所示。

图 5-137　设置填充

6. 使用同样的方法制作其他素材，将中间的橘色矩形隐藏，至此完成本例的制作，效果如图 5-138 所示。

图 5-138　最终效果

193

7. 我们还可以把宽度设置为 750 像素，将图像进行分块，制作一个陈列区图像设计，效果如图 5-139 所示。

图 5-139　效果

5.6.4　项目区图像设计与制作

以户外商品店铺作为装修对象，下面就为大家讲解一下宽度为 950 像素、高度无限制的项目区图像的设计与制作，具体操作步骤如下。

操作步骤

1. 启动 Photoshop，新建一个"宽度"为 950 像素、"高度"为 150 像素的空白文档，使用 T（横排文字工具）键入文字，如图 5-140 所示。

图 5-140　键入文字

2. 执行菜单命令"图层/图层样式/描边和外发光",分别打开"描边和外发光"对话框,其中的参数值设置如图 5-141 所示。

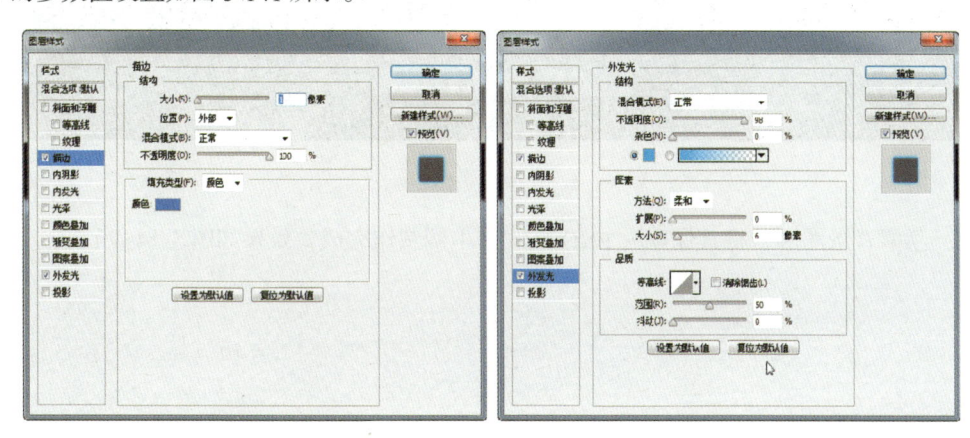

图 5-141　图层样式

3. 设置完毕单击"确定"按钮,在"图层"面板中设置"填充"为 39%,效果如图 5-142 所示。

图 5-142　设置填充

4. 新建一个图层,选择 （画笔工具）在"画笔拾色器"中的羽毛画笔,如图 5-143 所示。

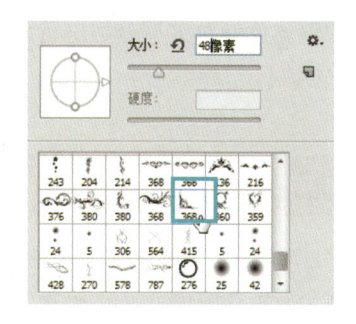

图 5-143　选择羽毛画笔

195

5. 使用 ✐（画笔工具）在文字左右两侧绘制青色花纹，效果如图 5-144 所示。

图 5-144　绘制花纹

6. 隐藏背景图层，将其保存为 PNG 格式，本例制作完成，效果如图 5-145 所示。

图 5-145　最终效果

7. 使用同样的方法再制作一个其他的项目区图像，效果如图 5-146 所示。

图 5-146　其他项目区图像

5.7　宝贝分类设计

在淘宝店铺中，如果上传的宝贝过多，查看起来就会非常麻烦，此时如果将相同类型的宝贝进行归类，这样查找会变得十分轻松。店铺中的宝贝分类就是为了让买家以便捷的方式找到想买的物品，我们可以按照店铺的整体色调对宝贝分类进行设计，好的宝贝分类设计可以让买家一目了然。

5.7.1　宝贝分类的设计原则

宝贝分类在店铺中主要起导引作用，可以让买家在众多宝贝中快速查找到自己需要的商品。在设计制作时大多数宝贝分类会放置在左侧或通栏位置。

在制作宝贝分类时最好秉承以下四个要点：

第 5 章　能提升网店流量的图片的设计与制作

- 宝贝分类要点一：宝贝分类的名称，告诉买家正确的商品信息。
- 宝贝分类要点二：颜色，最好与店铺的风格颜色保持一致。
- 宝贝分类要点三：尺寸，如果是在宽度为 190 像素内的布局中，宝贝分类的宽度最好设置在 160 像素以内，因为在添加宝贝分类时，需要留出左右两端的空白，如果宽度超过 160 像素，系统会自动对其进行裁剪。
- 宝贝分类要点四：不要太绚丽，如果宝贝分类图片的视觉效果超过广告或商品本身图片的吸引力，就会抢了风头，这样会得不偿失。

5.7.2　宝贝分类图片设计与制作

以围巾店铺作为装修对象，下面为大家讲解一下宝贝分类的制作方法，具体操作如下。

操作步骤

1. 启动 Photoshop，新建一个"宽度"为 160 像素、"高度"为 60 像素的空白文档，如图 5-147 所示。

2. 新建一个图层，使用 ▢（矩形选框工具）绘制一个矩形，再使用 ▢（渐变工具）从上向下拖动鼠标填充"从淡灰色到灰色"的线性渐变，如图 5-148 所示。

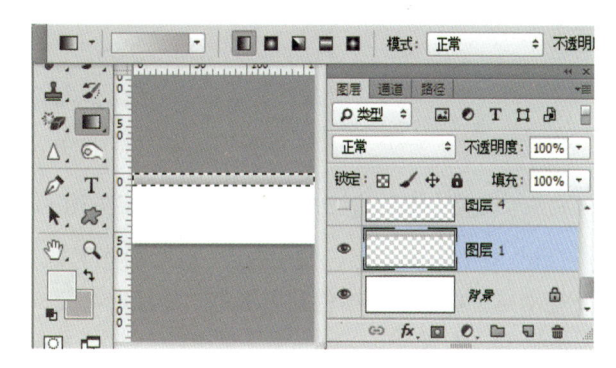

图 5-147　新建空白文档　　　　图 5-148　绘制矩形并填充渐变色

3. 按 Ctrl+D 组合键去掉选区，新建一个图层，使用 ▢（矩形工具）绘制一个"蓝黑色"的矩形，如图 5-149 所示。

4. 执行菜单命令"图层/图层样式/投影"，打开"投影"对话框，其中的参数值设置如图 5-150 所示。

197

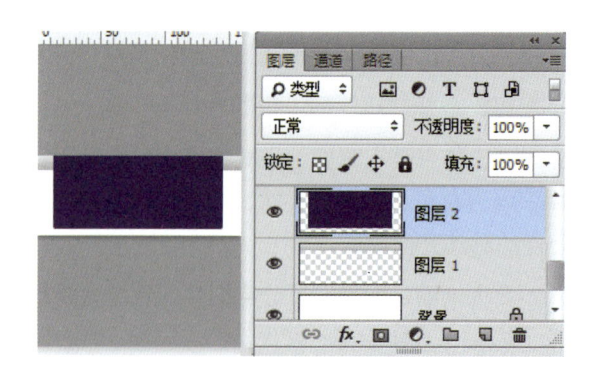

图 5-149 绘制矩形

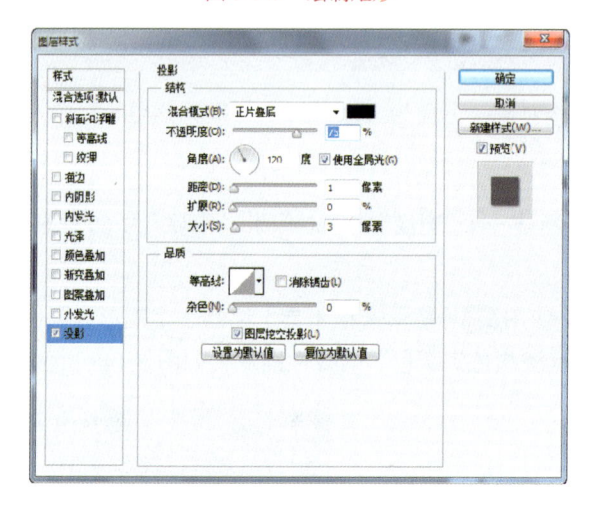

图 5-150 "投影"对话框

5. 设置完毕单击"确定"按钮，效果如图 5-151 所示。

6. 新建一个图层，使用 ▣（矩形选框工具）绘制选区，再使用 ▣（渐变工具）从上向下拖动鼠标填充"从橘色到黑橘色"的径向渐变，效果如图 5-152 所示。

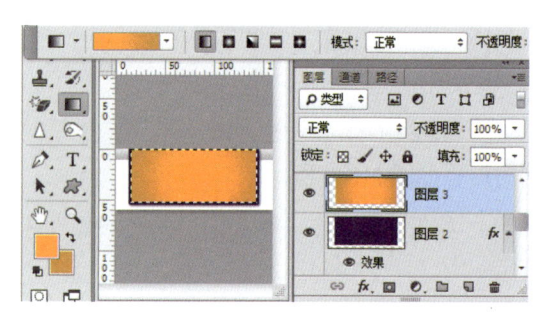

图 5-151 投影效果　　　图 5-152 绘制选区并填充渐变色

198

第 5 章　能提升网店流量的图片的设计与制作

7. 按 Ctrl+D 组合键去掉选区，新建一个图层，使用 ![] （多边形套索工具）绘制一个三角形的选区，将选区填充为"深蓝色"，效果如图 5-153 所示。

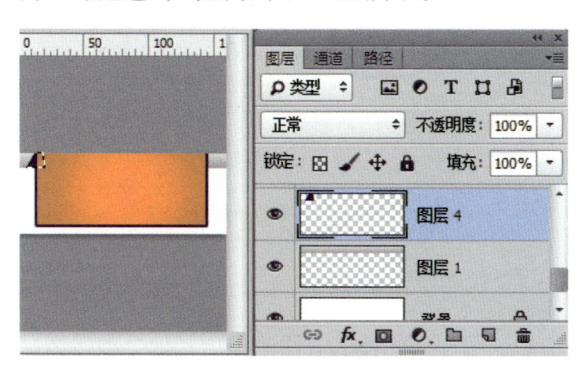

图 5-153　绘制三角形选区

8. 按 Ctrl+D 组合键去掉选区，使用同样的方法制作右侧的三角形，使图像整体看起来更加具有立体感，如图 5-154 所示。

9. 使用 ![] （横排文字工具）键入文字，效果如图 5-155 所示。

10. 新建一个图层，使用 ![] （椭圆工具）绘制一个白色椭圆，效果如图 5-156 所示。

图 5-154　调出选区　　　　图 5-155　键入文字　　　　图 5-156　绘制椭圆

11. 按住 Ctrl 键单击"图层 1"的缩略图，调出选区，按 Ctrl+Shift+I 组合键将选区反选，按 Delete 键删除选区内容，效果如图 5-157 所示。

图 5-157　清除选区

12. 按 Ctrl+D 组合键去掉选区，设置"不透明度"为 27%，效果如图 5-158 所示。

199

图 5-158　设置不透明度

13. 至此本例制作完毕，可使用同样的方法制作出其他分类按钮，效果如图 5-159 所示。

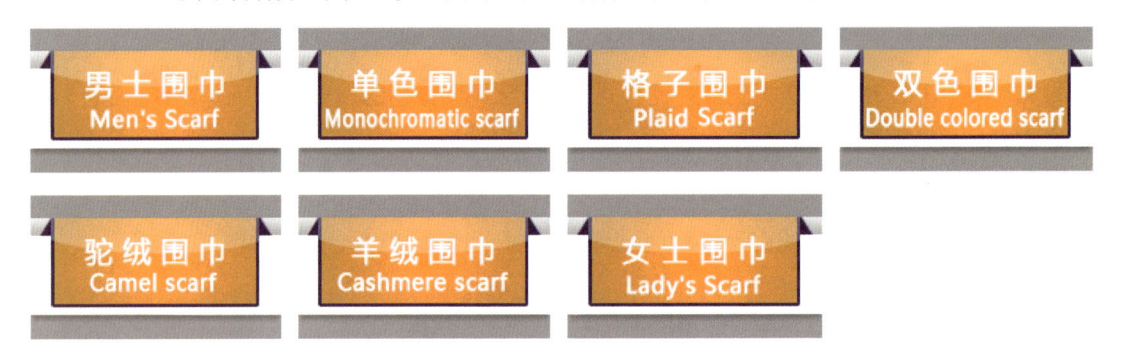

图 5-159　最终效果

> 在对店铺进行装修时，有时要改变宝贝分类的背景颜色，此时只要将背景隐藏，再将其保存为 PNG 格式就可以了，效果如图 5-160 所示。

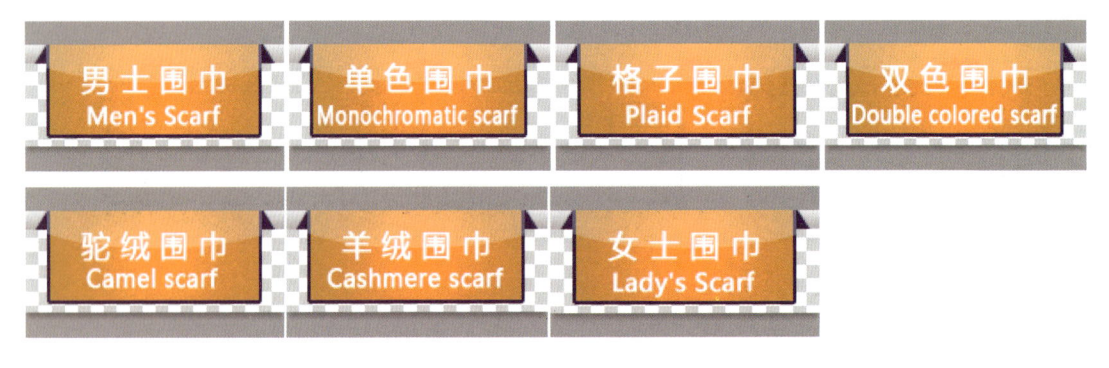

图 5-160　效果

5.7.3 子宝贝分类设计与制作

下面以围巾店铺作为装修对象,为大家讲解子宝贝分类的制作方法,具体操作步骤如下。

操作步骤

1. 启动 Photoshop,新建一个"宽度"为 160 像素、"高度"为 40 像素的空白文档,如图 5-161 所示。

2. 新建一个图层,使用 ▭（矩形选框工具）绘制一个矩形,再使用 ▭（渐变工具）从上向下拖动鼠标填充"从橘色到黑橘色"的径向渐变,如图 5-162 所示。

图 5-161　新建空白文档　　　　图 5-162　填充渐变色（1）

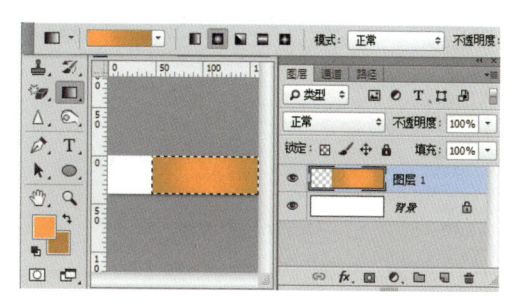

3. 新建一个图层,使用 ▭（自定义形状工具）在文档中绘制一个"箭头"图形,如图 5-163 所示。

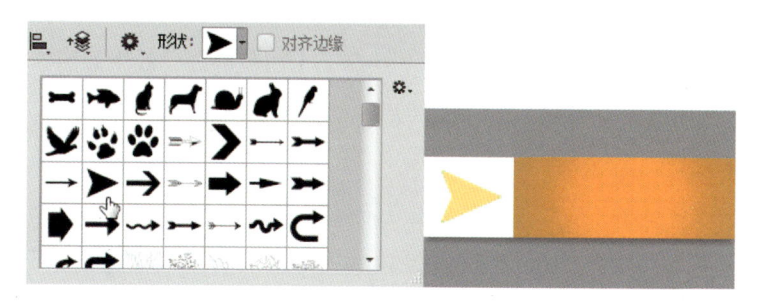

图 5-163　绘制"箭头"图形

4. 按住 Ctrl 键单击"箭头"所在图层的缩略图,调出选区,然后使用 ▭（渐变工具）从上向下拖动鼠标填充"从黄色到黑黄色"的径向渐变,效果如图 5-164 所示。

5. 按 Ctrl+D 组合键去掉选区,执行菜单中的"图层/图层样式/内阴影和投影"命令,分别打开"内阴影和投影"对话框,其中的参数值设置如图 5-165 所示。

201

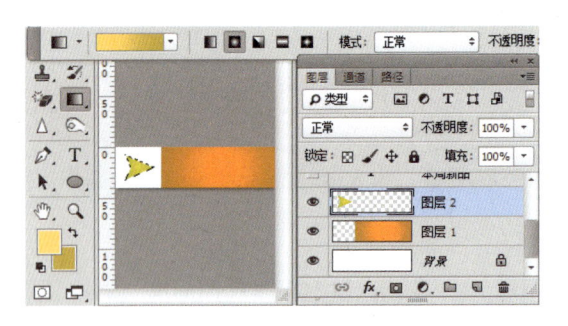

图 5-164　填充渐变色（2）

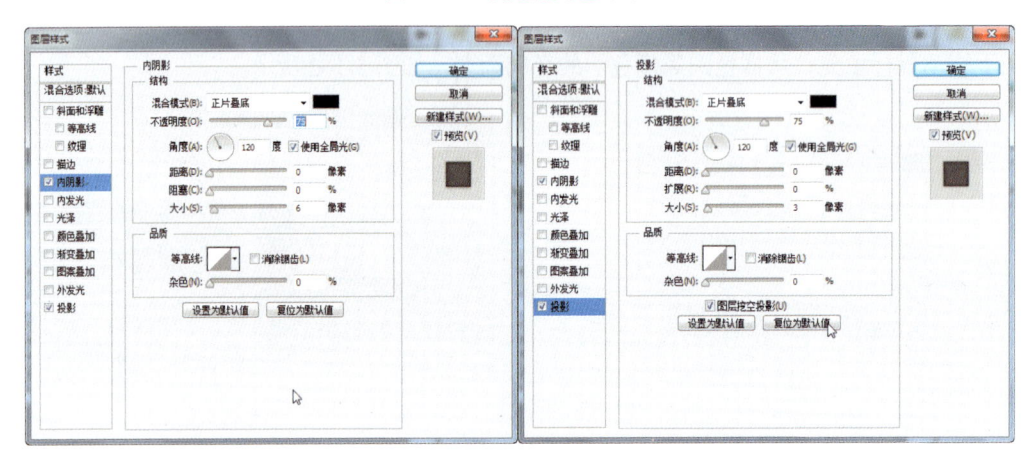

图 5-165　图层样式

6. 设置完毕单击"确定"按钮，效果如图 5-166 所示。

7. 新建一个图层，使用 ○（椭圆工具）绘制一个白色椭圆，效果如图 5-167 所示。

8. 设置"不透明度"为 28%，使用 T（横排文字工具）键入对应的文字，效果如图 5-168 所示。

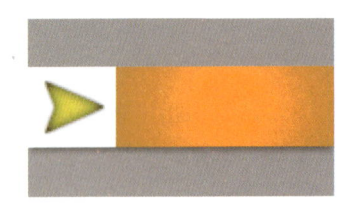

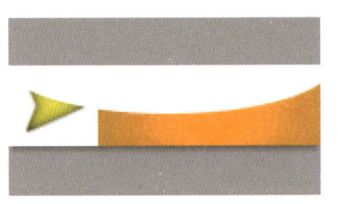

图 5-166　添加图层样式　　　图 5-167　绘制椭圆　　　图 5-168　设置不透明度

9. 至此本例制作完毕，使用同样的方法制作其他子分类按钮，效果如图 5-169 所示。

图 5-169　宝贝子分类最终效果

5.7.4　悬浮导航设计与制作

下面以围巾店铺作为装修对象，为大家讲解悬浮导航的制作方法，具体操作步骤如下。

操作步骤

1. 启动 Photoshop，新建一个"宽度"为 190 像素、"高度"为 550 像素的空白文档，打开一张悬浮头部素材，将素材拖曳到新建文档中，如图 5-170 所示。

2. 使用 ![] （多边形套索工具）绘制一个封闭选区，将其填充为"白色"，再将背景图层隐藏，如图 5-171 所示。

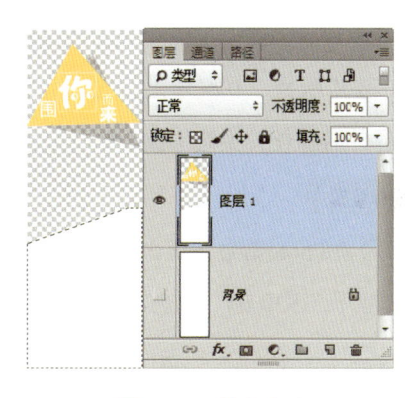

图 5-170　新建空白文档　　　　　　　　图 5-171　填充选区

3. 按 Ctrl+D 组合键去掉选区，使用 ![] （矩形工具）绘制一个黑色矩形，再使用 ![] （横排文字工具）键入黑色与白色文字，如图 5-172 所示。

4. 新建一个图层，使用 ![] （自定义形状工具）绘制四个黄色圆环，如图 5-173 所示。

5. 使用 ![] （横排文字工具）键入黄色文字，至此本例制作完毕，效果如图 5-174 所示。

图 5-172　绘制矩形键入文字　　　　图 5-173　绘制圆环　　　　图 5-174　最终效果

5.8　店铺收藏与客服图片制作

在淘宝店铺中，之所以要添加醒目的店铺收藏与客服图片，主要有三个原因：一是淘宝系统的收藏按钮过小，不容易引起买家注意；二是店铺的收藏人气会影响店铺的排名；三是好的客服使买家对店铺更加信任。

5.8.1　店铺收藏图片设计与制作

设置店铺收藏的意义在于引起买家的注意，吸引更多的人自愿收藏店铺，所以在设计与制作时首先要求醒目，其次才是其他的考虑事项。

以户外店铺作为装修对象，下面为大家讲解一下店铺收藏图片的制作方法，具体操作如下。

操作步骤

1. 启动 Photoshop，新建一个"宽度"为 190 像素、"高度"为 110 像素的空白文档。
2. 打开"围巾 04"素材将其移动到店铺收藏文档中，调整大小与位置，如图 5-175 所示。

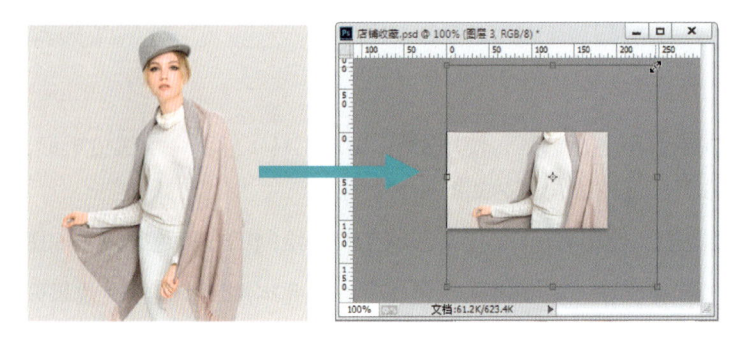

图 5-175　移入素材

3. 按回车键确定后，使用 T（横排文字工具）在文档的左侧偏下位置键入不同颜色的文字，如图 5-176 所示。

图 5-176　键入文字

4. 执行菜单命令"图层/图层样式/描边和外发光"，分别打开"描边"和"外发光"对话框，其中的参数值设置如图 5-177 所示。

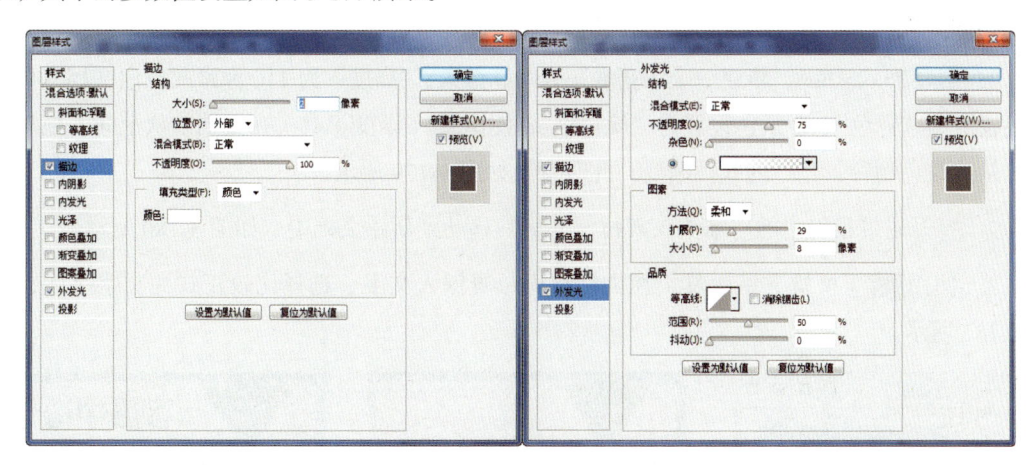

图 5-177　设置图层样式

5. 设置完毕单击"确定"按钮，至此本例制作完毕，效果如图 5-178 所示。

图 5-178　最终效果

205

5.8.2 客服图片设计与制作

对淘宝店铺商品的销量有影响的除了商品本身外，还有服务质量，只有服务质量上去了，顾客才会再次光顾您的店铺，一张好的联系方式图片会给买家留下认真负责的印象。

以户外店铺作为装修对象，下面为大家讲解一下客服图片的制作方法，具体操作如下。

> 温馨提示：客服的应用需在淘宝后台调用代码，大家可以参考第 7 章。

操作步骤

1. 启动 Photoshop，新建一个"宽度"为 190 像素、"高度"为 110 像素的空白文档，将前景色设置为"青色"、背景色设置为"淡青色"，使用 ■（渐变工具）在文档中从上向下拖动填充"从前景色到背景色"的线性渐变，此时背景如图 5-179 所示。

2. 打开附带素材中的"箭头"素材，并将其移动到新建文档中，如图 5-180 所示。

3. 使用 T（横排文字工具）在文档相应位置键入文字，选择比较正式的文字字体，如图 5-181 所示。

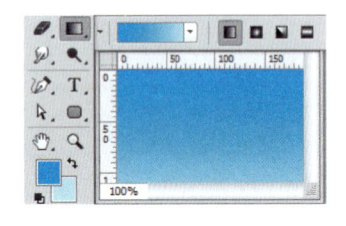

图 5-179　新建文档填充渐变　　　图 5-180　移入素材　　　图 5-181　键入文字

4. 执行菜单中的"图层/图层样式/渐变叠加、投影"命令，分别打开"渐变叠加"和"投影"对话框，其中的参数值设置如图 5-182 所示。

5. 设置完毕单击"确定"按钮，至此本例制作完毕，效果如图 5-183 所示。

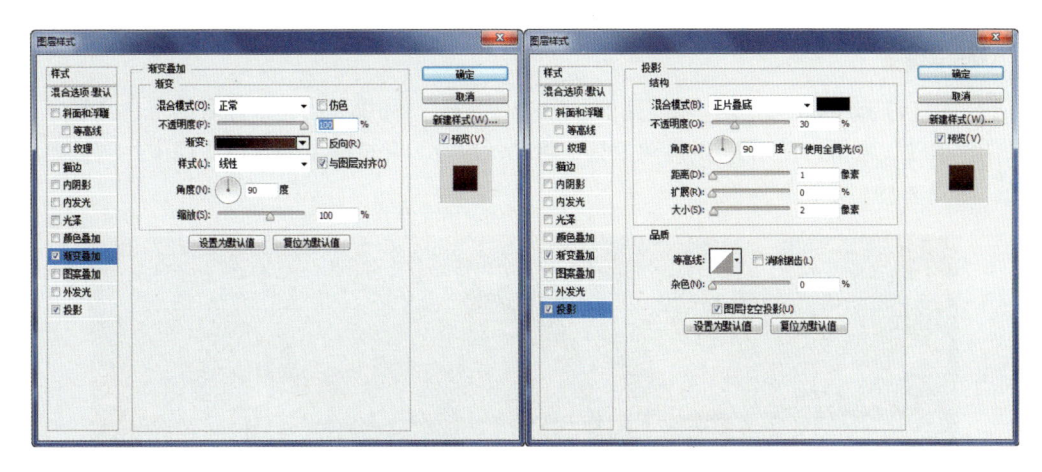

图 5-182　图层样式

图 5-183　最终效果

5.9　店铺公告模板设计与制作

在淘宝上做生意，竞争是非常激烈的，让买家主动掏钱买商品是每个卖家的心愿，为了增加销量，卖家会想出很多促销方案，以激发买家的购买欲望。

如何才能让买家在浏览店铺时知道本店的促销活动呢？最好的方式就是宣传。宣传的花样很多，一种是直接在右侧自定义区域输入文字，优点是内容醒目、直接，缺点是会将整个店铺的装修毁于一旦。另一种是直接将促销文字与图片相结合，以图片的形式出现在自定义区域中，优点是可以兼顾店铺的装修设计，缺点是更换图片不是很方便。再有一种就是以公告文字的形式动态地出现在自定义区域中，优点是直观、醒目、内容替换方便。但是最直观的莫过于店铺公告了，公告可以让买家直接了解本店的促销活动等内容。

下面就以围巾店铺作为装修对象，为大家讲解一下 750 店铺公告模板的制作方法，具体操作步骤如下。

操作步骤

1. 启动 Photoshop，新建一个"宽度"为 750 像素、"高度"为 400 像素的空白文档，打开一张"丝巾 2"素材，使用 （移动工具）将"丝巾 2"素材拖曳到新建文档中并调整大小和位置，如图 5-184 所示。

图 5-184　移入素材

2. 将前景色设置为"白色"，使用 （圆角矩形工具）在图片左侧绘制一个白色圆角矩形，如图 5-185 所示。

图 5-185　绘制圆角矩形

3. 按住 Ctrl 键单击圆角矩形所在图层的缩略图，调出选区后新建图层，将选区填充为"黑色"，按 Ctrl+D 组合键去掉选区，执行菜单命令"滤镜/模糊/高斯模糊"，打开"高斯模糊"对话框，设置"半径"为"3.9"，单击"确定"按钮，效果如图 5-186 所示。

图 5-186　高斯模糊

4. 使用 ◯ （椭圆选框工具）设置"羽化"为"10 像素"，绘制椭圆选区，按 Delete 键删除选区内容，再将另外三边进行删除，效果如图 5-187 所示。

图 5-187　清除选区内容

5. 使用 ◯ （椭圆工具）绘制正圆形，复制三个副本，再绘制四个小的正圆形，效果如图 5-188 所示。

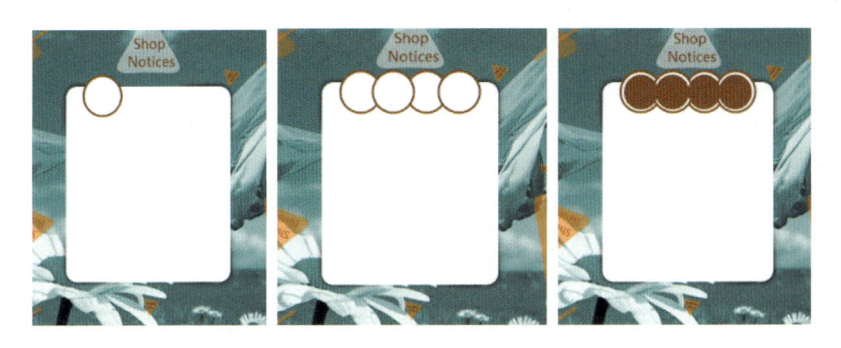

图 5-188　绘制正圆形并复制副本

6. 在正圆上键入文字"店铺公告"，再为正圆添加一个投影，效果如图 5-189 所示。

209

图 5-189　键入文字并添加投影

7. 使用 ◎（多边形工具）绘制一个橘色圆角三角形，设置"混合模式"为"点光"、"不透明度"为 48%，效果如图 5-190 所示。

图 5-190　绘制橘色圆角三角形

8. 至此本例制作完毕，效果如图 5-191 所示。

图 5-191　最终效果

5.10　详情页

在淘宝店铺上有很多相同或类似的商品，如何让消费者选择你家而非别家的商品，如何提升购买转化率及培养用户黏性，让消费者下定决心在你的店铺购买、收藏并且下次再来，这些需要宝贝详情页去传达和渲染，这也是吸引和促使消费者到达购买区域的落实点。宝贝详情页直接决定着成交与否，所以宝贝详情页不能太简单也不能太复杂。

本节主要为大家介绍淘宝店铺中商品详情页的设计与制作，制作之前先要有一个具体的设计思路，再在此基础上进行详细划分。

5.10.1　详情页的设计思路和操作流程

很多新手美工以为做详情页就是简单地摆放几张商品图片，并添加一些参数表等。其实做详情页说简单也简单，说难也难，难就难在怎么帮助店主将商品卖出去并增加销量，打造一张优秀的详情页，大概要用60%的时间去调查构思、确定方向，用40%的时间去设计优化。

一个好的美工不仅要美化图片，合成效果图，还要参与到实际运用当中，将商品的真正描述详情做到图片中，知道详情页的作用，放大商品的卖点。

详情页的设计思路及操作流程如表5-1所示。

表5-1

宝贝详情页的作用	宝贝详情页是提高转化率的入口，可以激发顾客的消费欲望，提升顾客对店铺的信任感，打消顾客的消费疑虑，促使顾客下单。优化宝贝详情页可以提升转化率，但是起决定作用的还是商品本身
设计详情遵循的前提	宝贝详情页要与宝贝主图、宝贝标题契合，宝贝详情页必须真实地介绍宝贝的属性。例如标题或主图里写的是韩版女装，但是详情页却是欧美风格的商品，顾客一看不是自己想要的商品，肯定会马上关闭页面
设计前的市场调查	设计宝贝详情页之前要充分进行市场调查，既要进行同行业调查，规避同款，又要做好消费者调查，分析消费人群、消费能力、喜好、以及在意的问题等
调查结果及产品分析	根据市场调查结果及自己的商品进行系统的分析总结。罗列出消费者在意的问题、同行的优缺点，以及自身商品的定位，挖掘自身商品与众不同的卖点
宝贝定位	根据店铺宝贝及市场调查确定本店的消费群体 举例：去饭馆吃饭，有的小饭馆人均消费15元，卖的就是价格；规模稍大的饭店人均消费50元，卖的是性价比；有的大酒店人均消费300元，卖的就是服务；还有的主题饭店卖的是情结等

续表

关于挖掘宝贝卖点	针对消费群体挖掘宝贝卖点 案例：一家卖键盘膜的店铺发现评论里中差评很多，大多是抱怨键盘膜太薄。一般的掌柜可能下次直接进厚一点儿的键盘膜，而这家掌柜则直接把宝贝描述里的卖点改为"史上最薄的键盘膜"，结果出乎意料，店铺评分直线上升，评论里都是关于"键盘膜真的很薄"之类的评语，直接引导并改变了消费者的心理期望，达到了非常良好的效果 宝贝卖点有很多，比如卖价格、卖款式、卖文化、卖感觉、卖服务、卖特色、卖品质、卖人气等
开始准备设计元素	根据对消费者的分析及自身商品卖点的挖掘，再结合宝贝风格的定位，开始准备所用的设计素材、详情页所用的文案，以及确立宝贝详情页的用色、字体、排版等。还要烘托出符合宝贝特性的氛围，例如羽绒服的背景可以采用冬天的冰山效果 要确立的六大元素有配色、字体、文案、构图、排版、氛围

温馨提示

如何进行调查？

通过淘宝指数可以清楚地查到消费者的一切喜好及消费能力、地域等，学会利用这些数据，对优化详情页很有帮助。另外还可以通过一些付费软件进行数据分析。

如何了解消费者最在意的问题？

可以去宝贝评价里面找，在买家评价里面可以挖出很多有价值的东西，例如买家的需求、购买后遇到的问题等。

5.10.2　详情页的格局构成

详情页是由各个部分组成的，从上向下依次为主图区、左侧区、右侧区，如图5-192所示。

详情页中的C区是可以自由设计的区域，从上向下依次为广告、卖点、细节图等，商品价值+消费信任=下单，详情页上半部分诉说商品价值，下半部分提升顾客的消费信任感。消费信任感可以通过各种证书、品牌认证的图片来提升，同时正确的颜色、字体、排版结构对赢得顾客的消费信任感起到重要作用。详情页各部分都有它的价值，都要经过仔细推敲和设计。

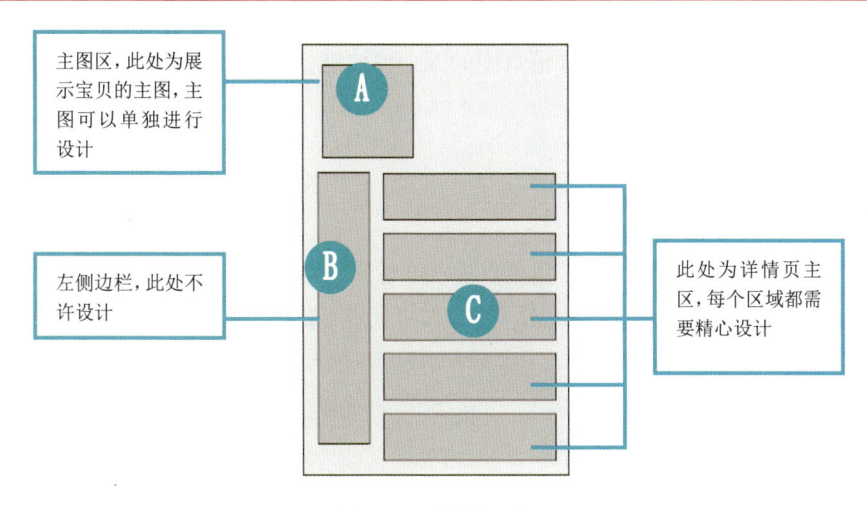

第 5 章　能提升网店流量的图片的设计与制作

主图区，此处为展示宝贝的主图，主图可以单独进行设计

左侧边栏，此处不许设计

此处为详情页主区，每个区域都需要精心设计

图 5-192　详页组成

5.10.3　详情页的设计与制作

本节以围巾店铺作为详情页装修目标，在设计时要先对格局框架进行布局，将风格定位、配色方案等进行设置，对需要的素材进行详细处理，最后进行详情页的制作。

在设计详情页之前，一定要先对整体的设计起草一个框架，这样在设计时就不会无从下手。下面按照构成原则及实体店的购买流程，首先设计商品的广告图来吸引买家；然后展示商品本身的细节，让买家了解具体的卖点信息；最后是对商品与配套商品的组合推荐。根据以上分析，我们可以大致规划出本案例的详情页的结构框架，如图 5-193 所示。

商品广告图

商品色彩展示图

商品细节展示图

模特上身展示图

购物须知

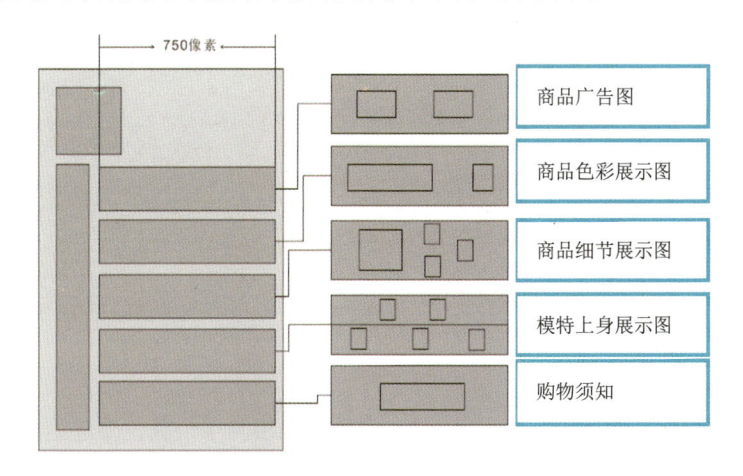

图 5-193　详情页框架

213

由于篇幅有限，这里我们按照详情页中的五个模块进行制作，布局各个元素区的制作方法，具体操作步骤如下。

广告区

操作步骤

1. 启动 Photoshop，新建一个"宽度"为 750 像素、"高度"为 450 像素的空白文档。使用 ■（矩形工具）在页面中绘制一个粉色矩形，之后将其进行旋转并调整位置，此时背景如图 5-194 所示。

图 5-194　绘制矩形

2. 使用 T（横排文字工具）键入黄色文字，设置"不透明度"为 46%，效果如图 5-195 所示。

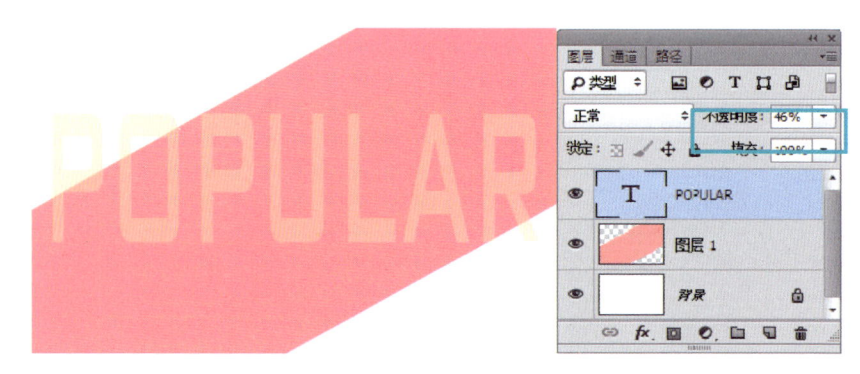

图 5-195　键入文字（1）

3. 新建一个图层，使用 ✎（画笔工具）在页面中绘制一个黄色墨迹笔触，复制一个副本并将副本调窄，效果如图 5-196 所示。

214

第 5 章　能提升网店流量的图片的设计与制作

图 5-196　绘制笔触

4. 打开一张"围巾人物 3"素材，将其拖曳到新建文档中，调整大小和位置，效果如图 5-197 所示。

图 5-197　移入素材

5. 使用 T（横排文字工具）在黄色墨迹笔触上键入文字，然后调整文字的位置、大小和颜色，效果如图 5-198 所示。

图 5-198　键入文字（2）

6. 新建图层后，使用 □（矩形工具）在文字下部及底部绘制黑色矩形和红色矩形，效果如图 5-199 所示。

215

图 5-199　绘制矩形

7. 按住 Ctrl 键单击"折"字图层的缩略图，调出选区，再选择"折"字后面矩形所在的图层，执行菜单命令"选择/载入选区"，打开"载入选区"对话框，其中的参数值设置如图 5-200 所示。

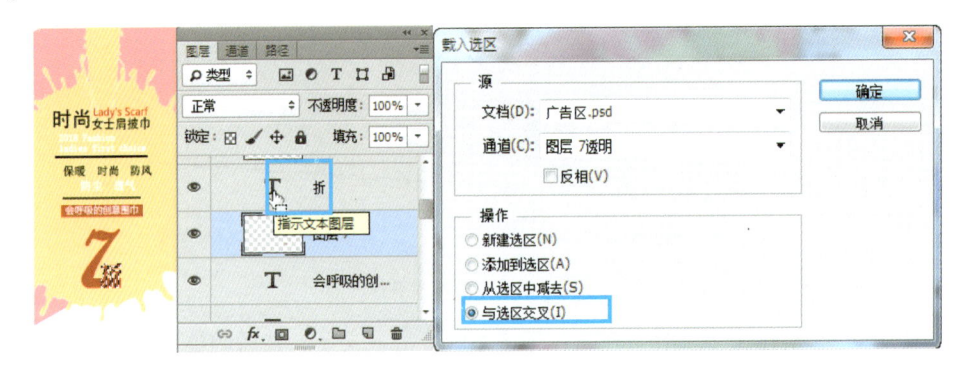

图 5-200　载入选区

8. 设置完毕单击"确定"按钮，效果如图 5-201 所示。

9. 新建一个图层，将选区填充为"白色"，按 Ctrl+D 组合键去掉选区，在右上角处绘制一个圆角矩形并键入文字，至此完成本部分的制作，效果如图 5-202 所示。

图 5-201　效果　　　　　　　　　　图 5-202　最终效果

色彩展示区

操作步骤

1. 新建一个"宽度"为 750 像素、"高度"为 450 像素的空白文档。使用 ▭（矩形工具）在页面中绘制一个粉色矩形，之后将其进行旋转并调整位置，此时背景如图 5-203 所示。

2. 打开附带的"01""02""03"素材，将其拖曳到新建文档中，分别调整大小和位置，效果如图 5-204 所示。

图 5-203　新建文档　　　　　　　　图 5-204　移入素材

3. 新建图层，使用 ▭（矩形工具）绘制白色矩形，如图 5-205 所示。

4. 在白色矩形底部新建一个图层，使用 ⋁（多边形套索工具）绘制选区后将其填充为土灰色，效果如图 5-206 所示。

图 5-205　绘制矩形　　　　　　　　图 5-206　绘制选区并填充颜色

5. 按 Ctrl+D 组合键去掉选区，使用 T（横排文字工具）键入需要的文字，如图 5-207 所示。

6. 打开本书配套资源中的素材"修饰花纹"，使用 ▸（移动工具）将素材拖曳到新建文档中，调整大小和位置，在左上角处绘制一个圆角矩形并键入文字，至此本例制作完毕，效果如图 5-208 所示。

217

图 5-207　键入文字　　　　　　　　　　　图 5-208　最终效果

细节展示区

操作步骤

1. 新建一个"宽度"为 750 像素、"高度"为 450 像素的空白文档。使用 ▭（矩形工具）在页面中绘制一个粉色矩形，之后将其进行旋转并调整位置，此时背景如图 5-209 所示。

2. 打开本书配套资源中的素材"06"，将其拖曳到新建文档中，效果如图 5-210 所示。

图 5-209　新建文档　　　　　　　　　　　图 5-210　移入素材

3. 使用 ○（椭圆选框工具）绘制一个正圆形选区，回到"06"素材内，按 Ctrl+A 组合键调出整个图像的选区，按 Ctrl+C 组合键进行复制。再回到新建文档中，执行菜单命令"编辑/选择性粘贴/贴入"，调整图像的大小和位置，效果如图 5-211 所示。

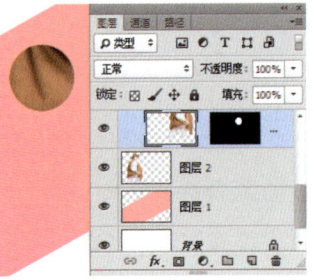

图 5-211　贴入

第 5 章　能提升网店流量的图片的设计与制作

4. 新建一个图层，使用 ◯（椭圆选框工具）绘制一个正圆形选区，执行菜单命令"编辑/描边"，打开"描边"对话框，其中的参数值设置如图 5-212 所示。

图 5-212　"描边"对话框

5. 设置完毕单击"确定"按钮，按 **Ctrl+D** 组合键去掉选区，键入合适的文字，效果如图 5-213 所示。

图 5-213　描边后键入文字

6. 使用同样的方法制作另外两处细节展示区，新建图层并绘制一个粉红色圆角矩形，在上面键入文字"细节展示"，在底部中间位置绘制白色圆角矩形，调整不透明度，至此细节展示区制作完毕，效果如图 5-214 所示。

图 5-214　细节展示区

219

模特上身展示区

操作步骤

1. 新建一个"宽度"为 750 像素、"高度"为 1000 像素的空白文档，使用 ▢ （矩形工具）在页面中绘制三个粉色矩形，之后将其进行旋转并调整位置，此时背景如图 5-215 所示。

2. 打开本书配套资源中的素材"01""07""08""09"，将素材分别移动到新建文档中，调整大小和位置，效果如图 5-216 所示。

3. 新建一个图层，使用 ✿ （自定义形状工具）绘制青色箭头，使用 ╱ （直线工具）绘制两条直线，在左上角处绘制一个圆角矩形并键入文字，至此本部分制作完毕，效果如图 5-217 所示。

图 5-215　新建文档　　　　图 5-216　移入素材　　　　图 5-217　最终效果

购物须知

操作步骤

1. 启动 Photoshop，新建一个"宽度"为 750 像素、"高度"为 225 像素、"分辨率"为 72 像素/英寸的空白文档，将背景填充为"灰色"。新建一个图层，使用 ▢ （矩形工具）在左侧绘制一个粉色矩形，效果如图 5-218 所示。

图 5-218　绘制矩形

220

2. 新建一个图层，使用 ✐ （直线工具）在页面中绘制 2 像素粗细的白色直线，效果如图 5-219 所示。

图 5-219 绘制直线

3. 使用 T （横排文字工具）键入文字，再将"广告区"中的背景拖曳到"购物须知"文档中，至此本例制作完毕，效果如图 5-220 所示。

图 5-220 购物须知

合成详情页

操作步骤

将之前制作的详情页各区域储存为 JPG 图片，对各区域的高度进行相加。新建一个"宽度"

221

为 750 像素、"高度"为 2567 像素、"分辨率"为 72 像素/英寸的空白文档，之后将各区域拖曳到"合成详情页"文档中，合成后效果如图 5-221 所示。

图 5-221　合成详情页

5.11 为图片创建切片后导出

在店铺中应用的图片不但可以整体应用到店铺中，还可以将其以切片的形式分成小块应用到店铺中，为整张图片创建切片后，可以为单个切片进行优化和编辑，使其结合 Dreamweaver 将一张图片创建多个与其相关的页面链接。

本节就为大家介绍在 Photoshop 中对店铺陈列区广告图片创建切片并导出的方法，具体操作步骤如下。

操作步骤

1. 打开之前在 Photoshop 中制作的陈列区广告图片，选择 后，单击属性栏中的"划分"按钮，如图 5-222 所示。

2. 单击"划分"按钮后，打开"划分切片"对话框，其中的参数值设置如图 5-223 所示。

图 5-222　创建切片　　　　　　　　　　　图 5-223　划分切片

3. 设置完毕单击"确定"按钮，垂直划分后的切片如图 5-224 所示。

图 5-224　划分后的切片

223

4. 执行菜单命令"文件/存储为 Web 所用格式",其中的参数值设置如图 5-225 所示。

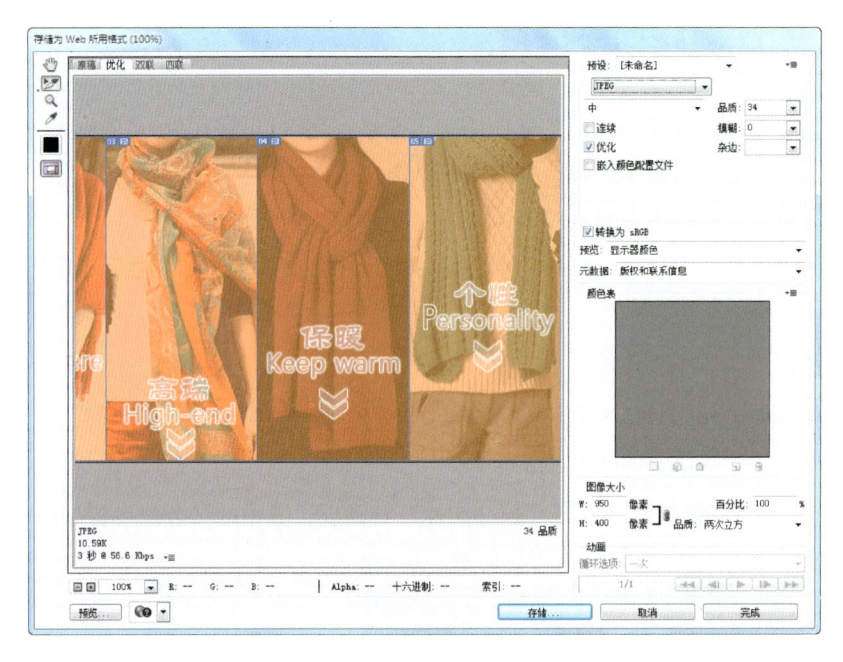

图 5-225　编辑

5. 设置完毕单击"存储"按钮,打开"将优化结果存储为"对话框,其中的参数值设置如图 5-226 所示。

图 5-226　储存

6. 设置完毕单击"保存"按钮,此时打开文件夹就可以看到储存的切片,如图 5-227 所示。

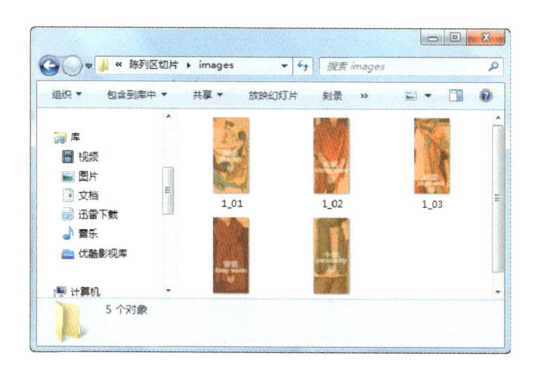

第 5 章　能提升网店流量的图片的设计与制作

图 5-227　切片

7. 回到 Photoshop 中，将橘色隐藏，如图 5-228 所示。

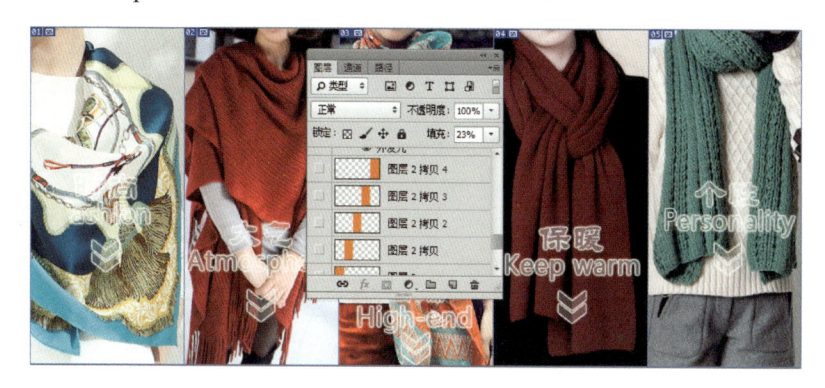

图 5-228　隐藏

8. 将当前区域再次执行"存储为 Web 所用格式"命令，储存后，在文件夹中可以看到切片效果，如图 5-229 所示。

图 5-229　切片效果

225

> **温馨提示**　此处生成的切片是为了在第 7 章中制作鼠标滑过效果。

> **温馨提示**　对于不同的电商网店,例如亚马逊、京东等,在对装修内容进行设计制作时的大方向都是相同的,唯一不同的就是每个店铺在装修时,每个位置的尺寸有些不同,大家可以根据本章的内容对尺寸进行稍微改动,其他设计思路都是一致的。

第 6 章

淘宝前台与后台的衔接

本章重点：

- 进入图片空间的素材中心
- 编辑素材中心
- 复制图片空间中的图片链接
- Dreamweaver 工作界面
- 创建表格
- 编辑表格
- 插入图片
- 以背景方式插入图片
- 粘贴图片空间中的图片链接到 Dreamweaver 代码区

淘宝前台与后台实现衔接，其中最关键的就是"图片空间"，对于代码的编辑我们可以使用软件 Dreamweaver。

本章主要讲解淘宝图片空间的使用。淘宝图片空间是淘宝网提供的官方图片存储空间，能迅速提高页面和宝贝图片的打开速度，从而提高点击率，进而增加宝贝曝光度，实现销售额增长。

图片空间在网店运营中起到承上启下的作用，不仅可以快速将图片上传到淘宝网，还可以将图片空间中广告图片的链接替换为 Dreamweaver 中的图片，并将整个代码粘贴到淘宝后台。

淘宝图片空间拥有自己的特色：

- 淘宝官方图片存储空间。
- 开店即永久享受免费 1GB 图片空间。
- 高速上传功能，可以非常方便地上传本地图片。
- 在线一键搬家功能，搬家后宝贝描述中的图片自动替换。
- 图片空间过期，宝贝图片仍可显示。
- 原图存储，提供多种尺寸的缩略图。
- 全国各大城市铺设服务器，宝贝图片就近存放。
- 多重数据备份，保证灾难性恢复，减少损失。
- 批量外链，不限流量。
- 宝贝图片可自动批量添加水印。

注意：图片只允许链接到淘宝网，其他网站不能链接；图片的使用店铺不能超过三个，超过就显示盗链；图片空间大小按购买大小决定，不能超过；收费的淘宝图片空间到期后不能上传图片。

6.1　进入图片空间的素材中心

淘宝图片空间中的素材中心在网店运营与维护方面起着至关重要的作用，下面就来看看如何从淘宝后台进入素材中心，具体操作步骤如下。

操作步骤

1. 登录淘宝后，在淘宝首页单击右上角的"卖家中心"，如图 6-1 所示。

第6章 淘宝前台与后台的衔接

图 6-1 淘宝首页

2. 在进入"卖家中心"后,再执行左侧菜单中的"店铺管理/图片空间"命令,如图 6-2 所示。

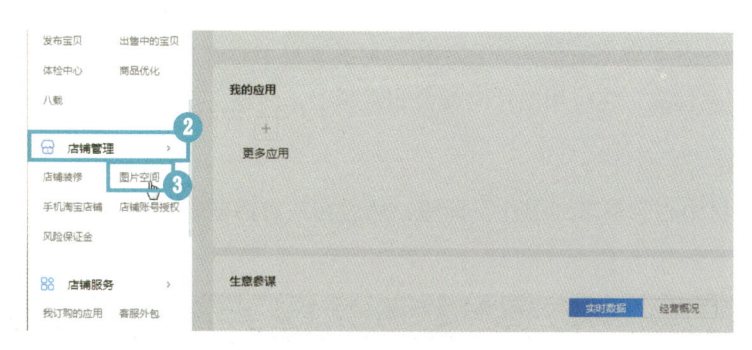

图 6-2 店铺管理

3. 单击"图片空间"选项,系统会直接跳转到"素材中心",如图 6-3 所示。

图 6-3 素材中心

229

6.2 编辑素材中心

素材中心如果不进行编辑，在空间中的图片看起来会非常乱，因此需要将当前的空间内容进行细致编辑，使素材中心工作起来更加方便，例如新建文件夹、上传图片、删除文件夹等操作。

6.2.1 新建文件夹管理图片

在素材中心，如果将所有的图片都上传，那么素材中心看起来会非常乱，此时只要为不同类别的图片新建文件夹，在应用图片时就会非常顺手，新建文件夹的具体操作如下。

操作步骤

1. 在"素材中心"单击"图片"标签，然后在该对话框中单击"新建文件夹"按钮，如图 6-4 所示。

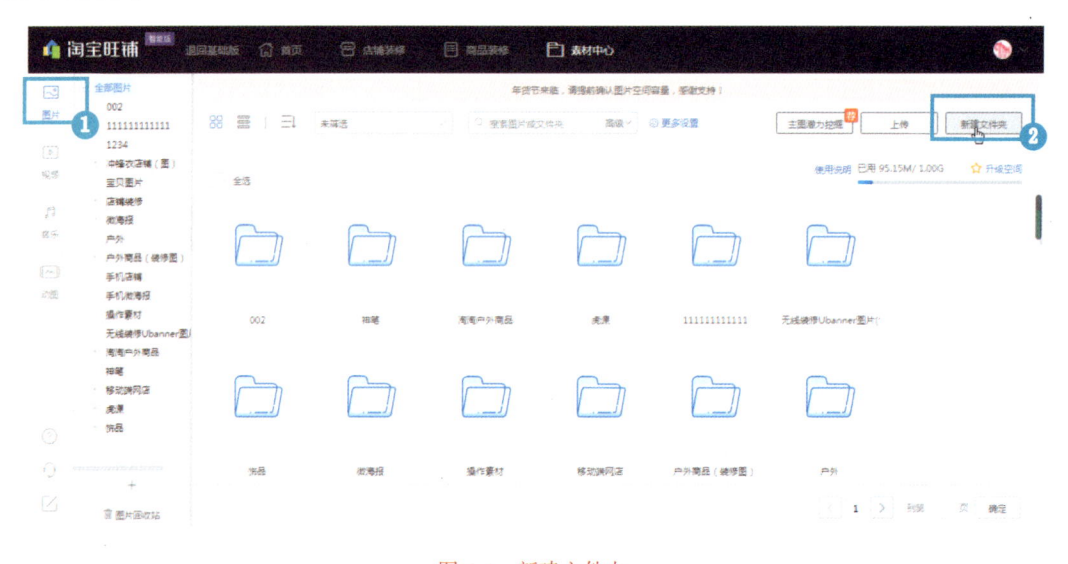

图 6-4　新建文件夹

技巧：在"素材中心"新建文件夹还可以通过单击左侧的"+"，来创建新的文件夹，如图 6-5 所示。

2. 单击"新建文件夹"按钮，系统弹出"新建文件夹"对话框，输入新建文件夹的名称，如图 6-6 所示。

第 6 章　淘宝前台与后台的衔接

图 6-5　选择"+"新建文件夹　　　　　　　图 6-6　命名新建文件夹

3. 设置完毕单击"确定"按钮，此时"素材中心"会出现新建的文件夹，如图 6-7 所示。
4. 在文件夹名称上单击鼠标，可以更改文件夹名称，如图 6-8 所示。

图 6-7　新建的文件夹　　　　　　　　　　图 6-8　更改文件夹名称

技巧："素材中心"中的文件夹名称不能超出 20 个字符，一个汉字相当于 2 个字符，选择文件夹后，上面会弹出工具栏，工具栏中有"重命名"按钮，如图 6-9 所示，单击可以对文件夹重新命名。

5. 双击文件夹，可以进入文件夹内部，如图 6-10 所示。

图 6-9　工具栏　　　　　　　　　　　　　图 6-10　进入文件夹内部

231

6. 在文件夹中还可以创建子文件夹，效果如图 6-11 所示。

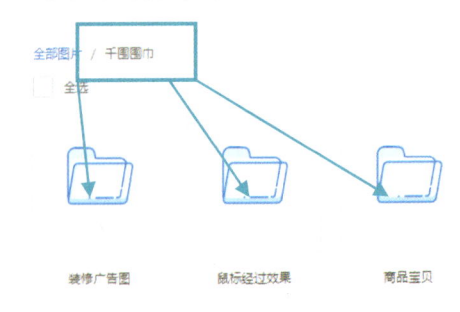

图 6-11　子文件夹

6.2.2　删除图片空间的文件夹

如果之前装修过店铺，图片空间中就会留下许多文件夹和图片。在对新店铺进行装修时，新建的文件夹混在里面很不好找，如果想操作起来更加方便，就需要将之前的文件夹或图片删除，删除的具体操作步骤如下。

操作步骤

1. 在"素材中心"选择要删除的文件夹，然后在弹出的工具栏中单击"删除"按钮，在下拉菜单中可以看到三个删除命令，如图 6-12 所示。

图 6-12　选择要删除的文件夹

2. 单击"删除/未引用图片清理、已删除商品图片清理、强制删除文件和文件夹"按钮，系统弹出"删除文件"对话框，如图 6-13 所示。

第6章　淘宝前台与后台的衔接

图6-13　"删除文件"对话框

技巧："素材中心"的"未引用图片清理"可以将没有在网店中使用过的图片直接删除；"已删除商品图片清理"可以将已经不再网店中使用的图片删除；"强制删除文件和文件夹"可以将整个文件夹删除，其中的引用与未引用图片都会被删除。

> **温馨提示**　删除文件夹后，文件夹内的图片会出现在"图片回收站"中，可以存放7天，这7天可以在"图片回收站"中将其还原，如图6-14所示。

图6-14　图片回收站

233

3. 单击"确定"按钮，可以将选择的文件删除，这里我们可以看到选择的"1234 文件"已经被删除，如图6-15所示。

图6-15　删除后

6.2.3　上传优化好的图片

素材中心是用来存放网店的图片的，在素材中心使用图片非常方便，在使用图片之前，要知道图片是如何上传到图片空间中的，具体的上传方法如下。

操作步骤

1. 从"素材中心"进入"千围围巾"文件夹内的"装修图广告"，单击"上传"按钮，如图6-16所示。

图6-16　单击"上传"按钮

2. 单击"上传"按钮后，系统弹出"上传图片"对话框，直接单击"上传"按钮，如图6-17所示。

图6-17 "上传图片"对话框

3. 单击"上传"按钮后，弹出"打开"对话框，选择需要上传的图片，如图6-18所示。

图6-18 选择图片

4. 单击"打开"按钮，在弹出的对话框中可以查看上传进度，如图6-19所示。

图 6-19 上传图片

注意：上传到"素材中心"的图片大小要小于 3MB。

5. 上传完毕后在"全部图片/千围围巾/装修广告图"中看到上传的图片，如图 6-20 所示。

图 6-20 上传的图片

6.2.4 图片搬家

在素材中心我们可以通过"移动到"命令将当前图片转移到其他文件夹中，具体的转移方法如下。

操作步骤

1. 在"素材中心"里选择两张图片,此时在弹出的工具栏中单击"移动到"按钮,如图 6-21 所示。

图 6-21 选择图片后单击"移动到"

2. 单击"移动到"按钮后,系统弹出"文件夹移动到"对话框,在对话框中选择要移动到的目的文件夹"鼠标经过效果",如图 6-22 所示。

3. 此时在"鼠标经过效果"文件夹中可以看到已经搬家的图片,如图 6-23 所示。

图 6-22 "文件夹移动到"对话框

图 6-23 搬家后的图片

6.2.5 恢复删除的图片

如果不小心将需要的图片删除了，在素材中心里还可以将 7 天内误删的图片恢复，具体的恢复方法如下。

操作步骤

1. 在"素材中心"里选择一张图片，在弹出的工具栏中选择"删除"命令，如图 6-24 所示。

图 6-24　选择"删除"命令

2. 单击"删除"按钮后，系统弹出"删除文件"对话框，如图 6-25 所示。

3. 单击"确定"按钮会将图片删除，如果想恢复误删的图片，此时单击"图片回收站"按钮即可，如图 6-26 所示。

图 6-25　删除图片　　　　　　　　图 6-26　删除图片后

4. 单击"图片回收站"按钮，进入"图片回收站"页面，选择刚才删除的图片，在工具栏中单击"还原"按钮，如图 6-27 所示。

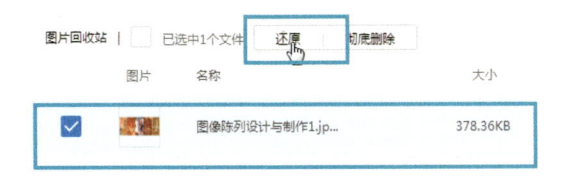

图 6-27　图片回收站

5. 单击"还原"按钮，系统会把删除的图片恢复到素材中心，"图片回收站"中将不会显示此图片，如图 6-28 所示。

图 6-28　还原后

6.2.6　全选图片

在素材中心的工具栏中勾选"全选"复选框，可以将图片空间当前页面中的文件夹和图片全部选取，如图 6-29 所示。

图 6-29　全选

6.2.7 替换

在素材中心的工具栏中选择"替换"选项，弹出"打开"对话框，将本地图片替换成素材中心的图片，如图 6-30 所示。

图 6-30　替换

6.2.8 编辑

在素材中心的工具栏中选择"编辑"选项，图片编辑将获得以下权限：

- 获得您的地理位置信息。
- 游戏后可参与活动抽奖。
- 查询分数，明确游戏排名情况。
- 获得您的设备传感器。
- 读取您的用户名等基本信息。
- 读取您的登录状态信息。

- 创建或更新您店铺的营销活动。
- 读取或更新您店铺的商品数据。
- 读取或更新您店铺的订单、评价、退款等信息。
- 读取或更新您店铺的会员信息。
- 更新您的店铺设置、店内类目等信息。
- 读取或更新您店铺的商品运费模板、订单发货等物流相关信息。
- 读取或更新您店铺"图片空间"信息。
- 读取您的"阿里旺旺"信息。
- 读取或更新您的"子账号"信息。
- 读取或更新您的"分销业务"信息。
- 允许分享给手机通讯录的好友。

6.2.9 适配手机

在素材中心的工具栏中单击"适配手机"选项，图片适配可能会导致一定的失真，转换后原图不会删除，如图 6-31 所示。

图 6-31 适配手机

6.2.10 为图片添加水印

在素材中心里可以为宝贝图片批量添加文字水印或图片水印，添加方法如下。

操作步骤

1. 在素材中心选择"更多设置"命令，在弹出的下拉菜单中选择"水印设置"命令，如图 6-32 所示。

图 6-32 选择设置水印

2. 单击"水印设置"选项后，系统弹出"水印参数设置"页面，默认会显示"文字水印"标签页，在里面可以设置要添加的水印文字、字体、字号、字体样式、颜色、透明度，还可以手动调整水印的位置，如图 6-33 所示。

图 6-33 添加文字水印

第 6 章　淘宝前台与后台的衔接

3．单击"图片水印"标签，进入设置图片水印区域，单击"上传图片"按钮，如图 6-34 所示。

图 6-34　图片水印

4．单击"上传图片"按钮，弹出"打开"对话框，在里面选择要作为水印的 Logo，如图 6-35 所示。

图 6-35　选择图像

5．设置完毕单击"确定"按钮，此时可以在"图片水印"对话框中设置图片的位置、不透明度等，如图 6-36 所示。

6．设置完毕单击"确定"按钮，完成添加水印设置，在上传图片时只要将"添加水印"复选框选取即可，如图 6-37 所示。

243

图 6-36　设置图片

图 6-37　选择"添加水印"

6.3　复制图片空间中的图片链接

素材中心的图片可以通过复制图片链接的方式，将其应用到第三方软件中，替换该软件编辑的图片。例如在 Dreamweaver 中编辑的图片，就可以使用复制图片链接的方式将其替换掉，选择图片后，在图片下面单击 ![] （复制链接）按钮，复制成功后会弹出"复制成功"字样，如图 6-38 所示。

图 6-38　复制图片链接

技巧：在图片下面除了 ![] （复制链接）按钮，还有 ![] （复制图片）按钮和 ![] （复制代码）按钮。![] （复制图片）可以直接复制图片空间中的图片，再通过"粘贴"命令或按 Ctrl+V 组合键，直接将图片复制到第三方软件或淘宝后台中；![] （复制链接）可以将当前图片的链接地址直接复制，再通过"粘贴"命令将链接地址粘贴；![] （复制代码）可以将当前图片的代码进行复制，再将其粘贴到淘宝的代码区，与整体代码相呼应。

6.4 Dreamweaver 工作界面

Dreamweaver 提供网页规划、设计到管理的全方位功能，兼顾设计与程序开发，是制作网页的不二之选。提供"所见即所得"的可视化环境，设计阶段即能准确呈现效果。软件强大的设计功能，能让网页设计人员轻易摆脱 HTML 原始码的限制，以较少的时间做出具有专业水平的站点。执行"开始/Adobe Dreamweaver CC"命令，即可开启 Dreamweaver 程序，如图 6-39 所示。

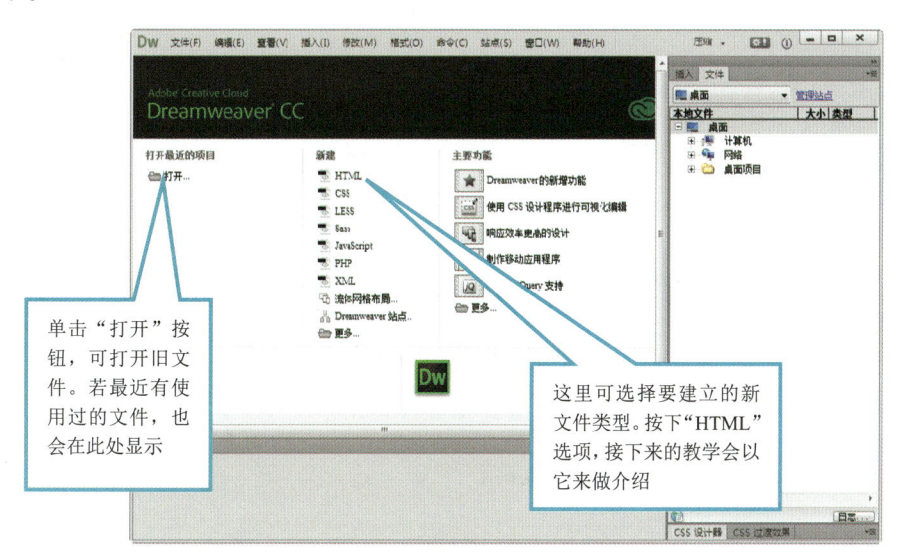

图 6-39　程序界面

在程序界面中的"新建"处选择"HTML"选项，建立第一个 HTML 文件后，就会进入 Dreamweaver 的工作界面，如图 6-40 所示。在开始操作软件之前，让我们先熟悉一下工作环境。

其中的各项含义如下：

- 菜单：放置 Dreamweaver 各项编辑命令的区域，不过许多功能命令可通过鼠标右键所显示的快捷菜单来执行。

245

- 插入面板：插入面板用来插入各式各样的网页组件，面板上的每一个图标都代表着一种元素，只要点选面板中的功能图标，就可以将相关组件放置到网页上。至于"插入"面板的开启及隐藏，可由"窗口/插入"命令来切换。
- 文档窗口：文档窗口是网页内容的编辑区域，设计出来的网页画面与实际浏览时所呈现的效果几乎一模一样。

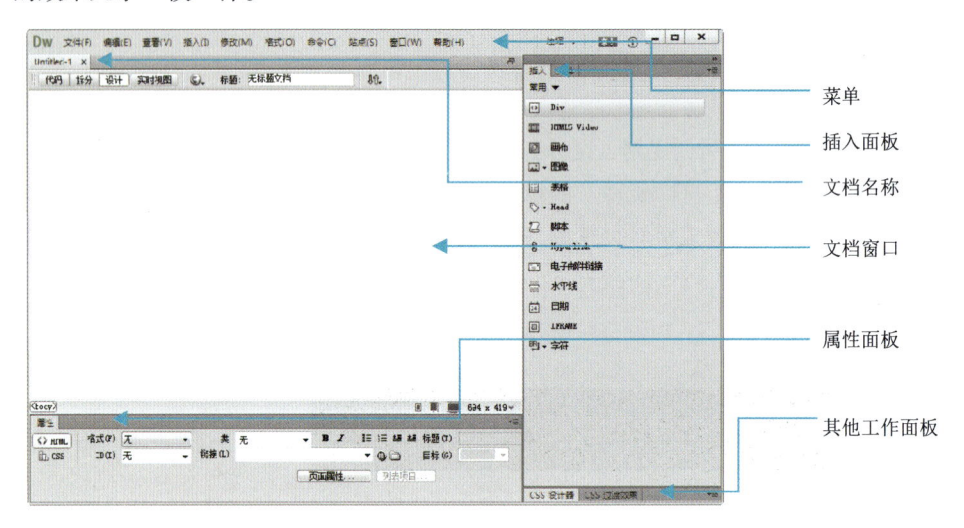

图 6-40　工作界面

技巧：在默认状态下，会在文档名称下方显示"文档工具栏"，内含"代码""拆分""设计""实时视图""文件标题""文件管理"等工具按钮。另外，Dreamweaver 还提供"标准工具栏"，内含"新建""开启""储存文件""全部储存""剪切""复制""贴上""还原""重做"等快速工具，如要显示"标准工具栏"，可选择"查看/工具栏/标准"命令，如图 6-40 所示。

图 6-41　文档窗口

- 属性面板：可对页面中的各种元素进行调整及编辑。在页面上点选不同的网页元素时，属性面板也会对应显示不同的属性。执行"窗口/属性"命令可决定是否显示"属性面板"。
- 其他工作面板：其他工作面板则是放置各种类别的辅助编辑面板，画面上看到"CSS 设计器""CSS 过渡效果""文件"等面板都是 Dreamweaver 预设启动的工作面板。

6.5 创建表格

表格在页面内容的编排上是相当重要的工具，因为网页设计并不像美工软件一样，可以自由调整文字在页面上的位置，所以，早期的网页设计者都会运用表格来编排页面上的图文位置。如今虽然 CSS 样式对排版问题已有解决方式，不过对于具有规则性的数据而言，表格还是最好的选择。表格是一种由水平及垂直交叉的线条汇编而成的方格，适用于放置具有条理及结构性的数据内容，垂直的排列称为"列"，水平的排列称为"行"，最外围的青色框线称为表格的"边框"，单元格内容和单元格外框的距离称为"边距"，表格中的每一个方格称为"单元格"，两个单元格之间的距离称为"间距"，如图 6-42 所示。

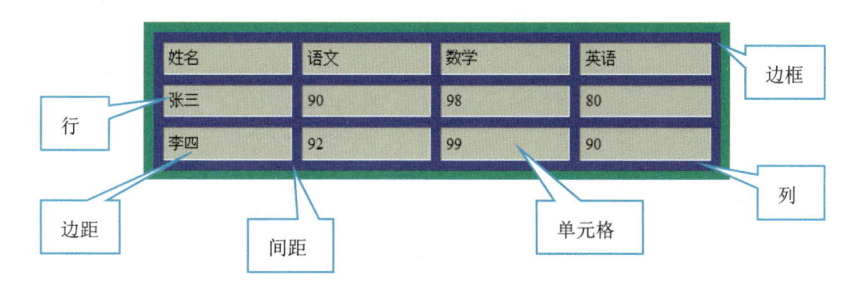

图 6-42　插入菜单

Dreamweaver 提供多样化的表格创建方式，具体操作步骤如下。

操作步骤

1. 插入表格可以通过菜单命令来创建，执行菜单命令"插入/表格"或按 Ctrl+Alt+T 组合键，如图 6-43 所示。

2. 在"插入"面板中也可以选择"常用"标签中的"表格"命令，同样可以创建表格，如图 6-44 所示。

3. 在打开的"表格"对话框中可以设置表格的行数和列数，以及设置标题和辅助功能，如图 6-45 所示。

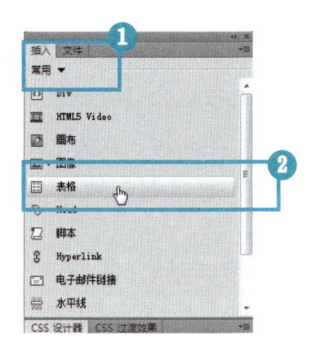

图 6-43 插入菜单

图 6-44 插入面板

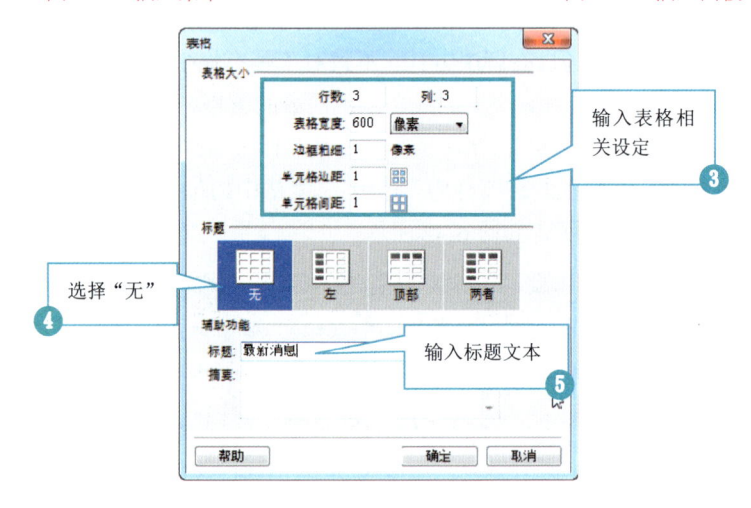

图 6-45 "表格"对话框

4. 设置完毕单击"确定"按钮，此时在文档窗口会新建一个"宽度"为 600 像素的 3 行 3 列的表格，如图 6-46 所示。

图 6-46 新建表格

技巧：在 Dreamweaver 中也可以通过"导入/Excel 文档"命令，将在 Excel 中创建的表格导入到 Dreamweaver 中。

248

6.6 编辑表格

在 Dreamweaver 中编辑表格是直接且便利的，它就像在文书软件中编辑一样简单。本节将针对表格和单元格的编辑技巧进行说明，让大家制作出来的表格能够符合需求。

6.6.1 单元格选取技巧

在设置文字格式时要选取文字范围，要编辑表格数据，当然也要选取正确的表格范围。以单元格范围的选取来说，分为"连续"与"不连续"两种，且必须借助键盘上的"Shift"和"Ctrl"键，先点取第一个单元格，按住 Ctrl 键后再点取其他单元格，就可以进行不连续的单元格选取，如图 6-47 所示。先点取第一个单元格，按住 Shift 键后，再点取其他单元格，就可以进行连续的单元格选取，如图 6-48 所示。

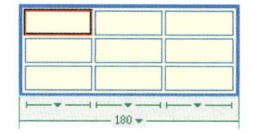

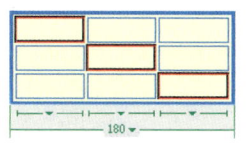

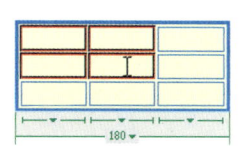

图 6-47 选取不连续单元格　　　　图 6-48 选取连续单元格

技巧：将光标放置到列的顶端，单击后可以将整列进行选取，如图 6-49 所示；将光标放置到行的左端，单击后可以将整行进行选取，如图 6-50 所示；将光标移动到表格的左上角处单击边框，可以选取整个表格，如图 6-51 所示。

图 6-49 选择整列　　　　图 6-50 选择整行　　　　图 6-51 选择整个表格

6.6.2 重设表格的行列数

Dreamweaver 可以在不影响"表格宽度"的情况下调整表格的行数，至于表格的高度，则会随着行数的多少变动。选择整个表格后，在属性栏中将"列"数变为 4、"行"数变为 4，效果如图 6-52 所示。

249

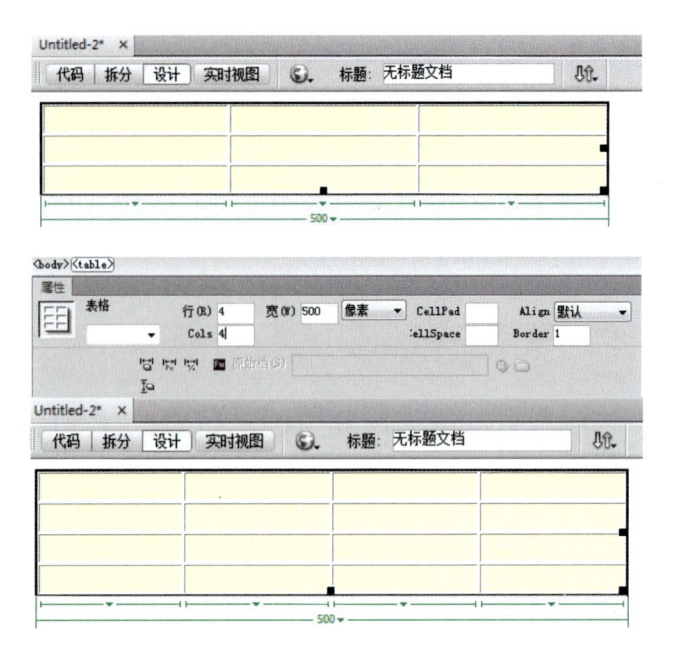

图 6-52 改变行列数

6.6.3 调整表格宽度

表格的宽度和水平线一样有相对大小（%）及绝对大小（像素）两种设置，都是通过属性栏设置的，选择表格后，在属性栏中可以重新设置表格宽度，如图 6-53 所示。

图 6-53 调整表格宽度

这里切换表格的度量单位并输入数值

6.6.4　调整边距/间距/边框

边距、间距及边框等距离属于表格的整体设置，因此在设置前要先选取整个表格，然后在属性栏中设置边距、间距及边框的数值即可，如图6-54所示。

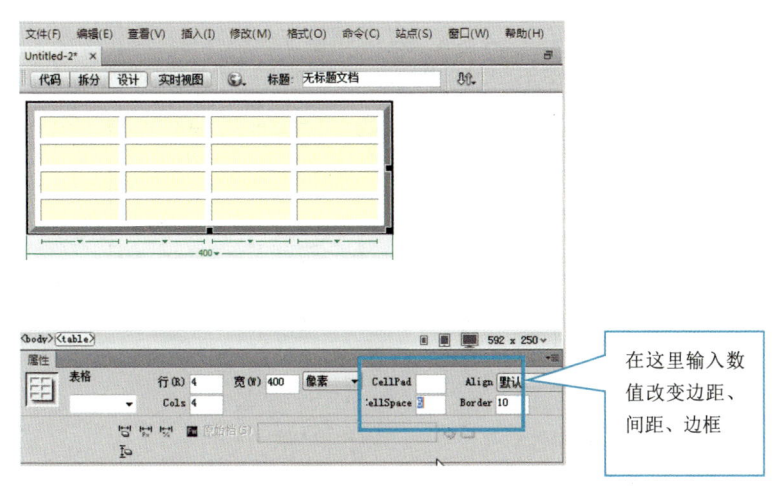

图6-54　调整边距、间距、边框

6.6.5　行列的插入/删除

随着数据的增减，表格中的行数与列数也要适时插入或删除。在插入行或列时，利用右键的快捷菜单可快速进行插入、删除或合并的设置，如图6-55所示。

图6-55　设置

技巧：如果要删除整行或整行，请先选取整行或整行，然后再按下"Delete"键就可以删除，删除整个表格也是利用相同的方式。

6.6.6 调整行宽/行高

利用鼠标直接拖曳表格框线，可自由调整行宽、行高及表格宽度，如图 6-56 所示；若要使用数值设置，只要在属性栏中设置即可，如图 6-57 所示。

图 6-56　手动调整

图 6-57　固定数值调整

技巧：在进行行宽、行高的调整时，表格的整体宽度是不会改变的。

6.6.7 单元格的拆分/合并

在表格比较复杂时，必须对单元格进行拆分或合并处理，要拆分或合并，可在属性栏中设置；选择多个表格后，在属性栏中单击"合并单元格"按钮，即可合并选择的单元格，如图 6-58 所示。

在 Dreamweaver 中拆分单元格的效果和在一般文本软件中的效果不同，它无法在表格中产生"奇数行"与"偶数行"同时并存的情况，在遇到此种状况时，Dreamweaver 会以"拆分单元格"的方式来处理，如图 6-59 所示。

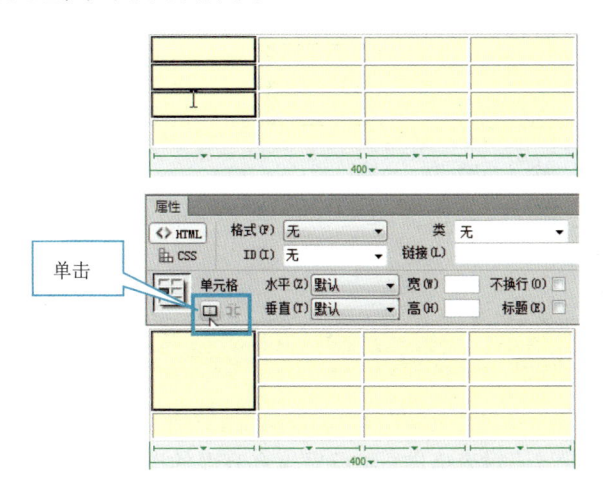

图 6-58　合并单元格

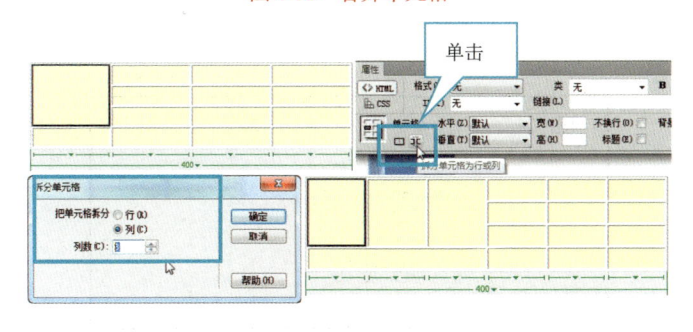

图 6-59　拆分单元格

6.6.8　嵌套表格

在对单元格进行拆分不能制作复杂的表格时，我们可以在此单元格中再次插入表格，具体插入方法与直接创建表格类似，选择单元格后，执行菜单中的"插入/表格"命令或按 Ctrl+Alt+T 组合键，在打开的"表格"对话框中设置表格的行数和列数，以及标题和辅助功能。设置完毕单击"确定"按钮，如图 6-60 所示。

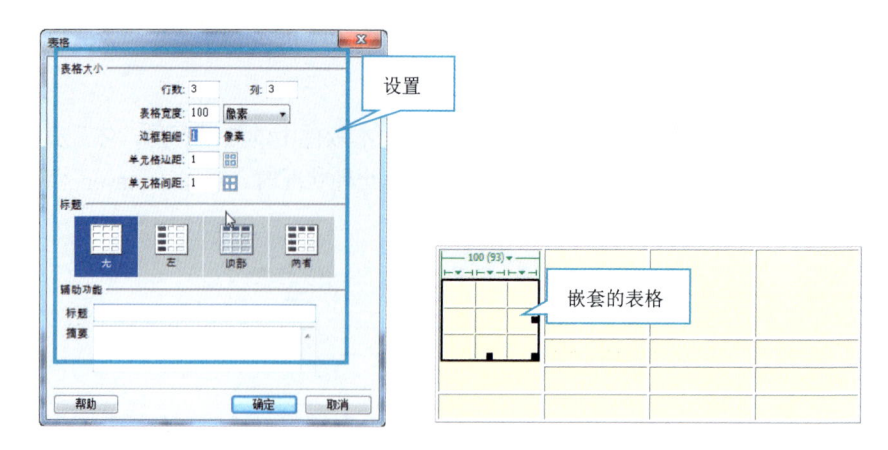

图 6-60　嵌套表格

6.6.9　清除表格的宽度/高度

清除单元格中多余的空白，可以让列宽与行高和单元格的内容刚好吻合，例如插入的图片比单元格稍微小一些，此时就需要对表格进行清除宽度和高度的操作，具体操作步骤如下。

操作步骤

1. 选择整个表格，如图 6-61 所示。

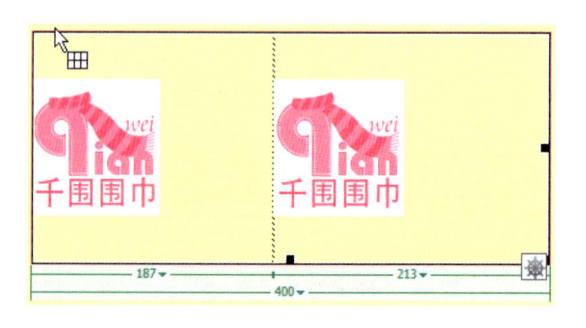

图 6-61　选择表格

2. 在属性栏中单击 （清除列宽）按钮，此时表格宽度会自动与图像相吻合，如图 6-62 所示。

3. 在属性栏中再单击 （清除行高）按钮，此时表格高度会自动与图像相吻合，如图 6-63 所示。

第 6 章　淘宝前台与后台的衔接

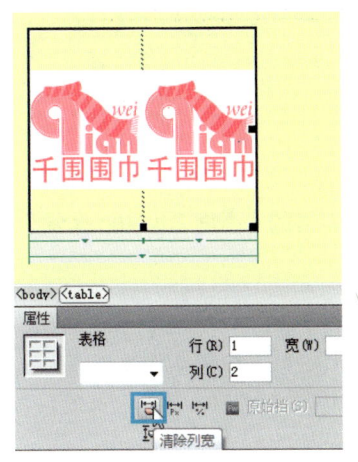

图 6-62　清除列宽

图 6-63　清除行高

6.6.10　单元格的其他设置

在设置单元格的属性时，属性面板中还有几项特别的设置项目，在此一并跟大家说明，如图 6-64 所示。

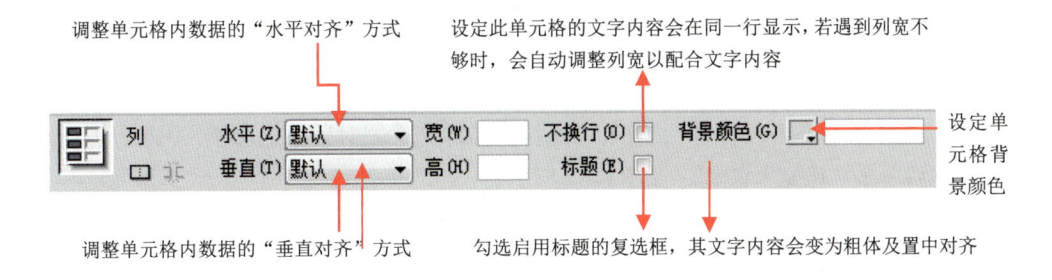

图 6-64　单元格的其他设置

6.7　插入图片

Dreamweaver 中的图片可以在表格中进行插入，也可以直接插入文档中，具体操作如下。

操作步骤

1. 根据图片的大小在页面中先插入一个宽度为 750 像素的 1 行 1 列表格，如图 6-65 所示。

255

图 6-65　插入表格

2. 将鼠标移到表格内部单击，然后在属性栏中设置表格的"高度"为 400 像素，如图 6-66 所示。

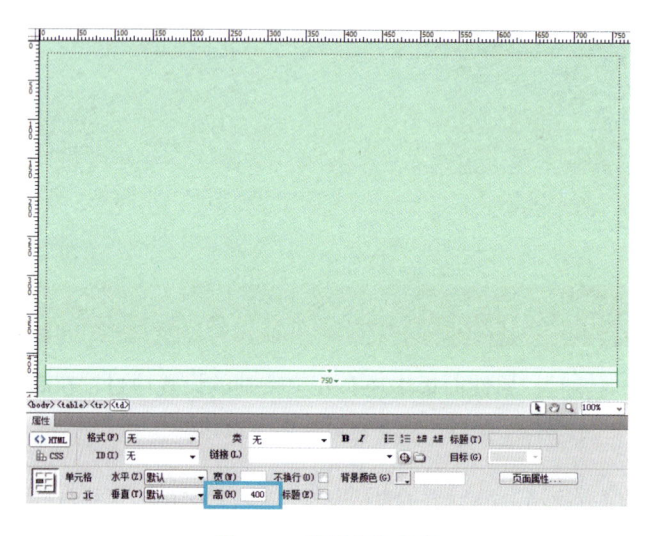

图 6-66　设置表格高度

3. 执行菜单命令"插入/图像"，打开"选择图像源文件"对话框，选择"750 广告图设计与制作"，然后单击"确定"按钮，如图 6-67 所示。

图 6-67　选择图像

4. 单击"确定"按钮，此时系统会将选择的图像插入文档中，如图 6-68 所示。

图 6-68　插入图像

6.8　以背景方式插入图片

在 Dreamweaver 中，不但可以直接插入图片，还可以以背景方式插入图片，此时图片就相当于单元格中的背景，在单元格中可以再次插入图片和文本，操作步骤如下。

操作步骤

1. 在 Dreamweaver 中插入一个 1 行 1 列、"宽度"为 950 像素的表格，设置表格高度为 400 像素，如图 6-69 所示。

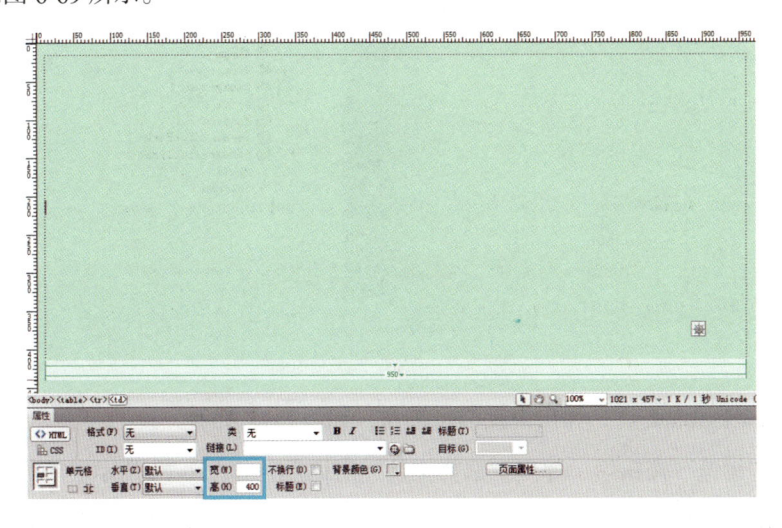

图 6-69　插入表格

2．将光标在表格中选择，单击"拆分"按钮，此时可以看到设计区和代码区，如图 6-70 所示。

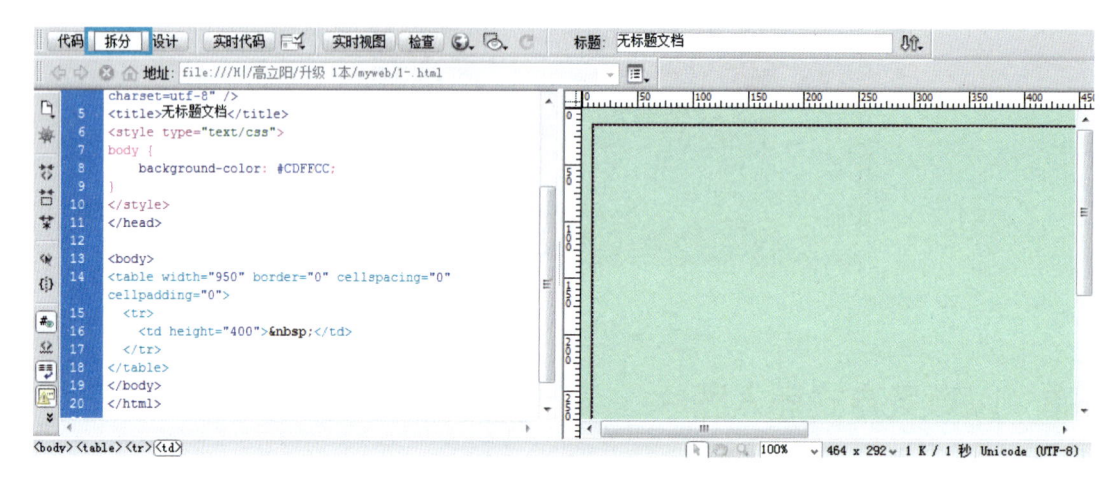

图 6-70　单击"拆分"按钮

3．在代码区单元格"td"的后面单击鼠标，之后按空格键，在弹出的提示菜单中选择 background，如图 6-71 所示。

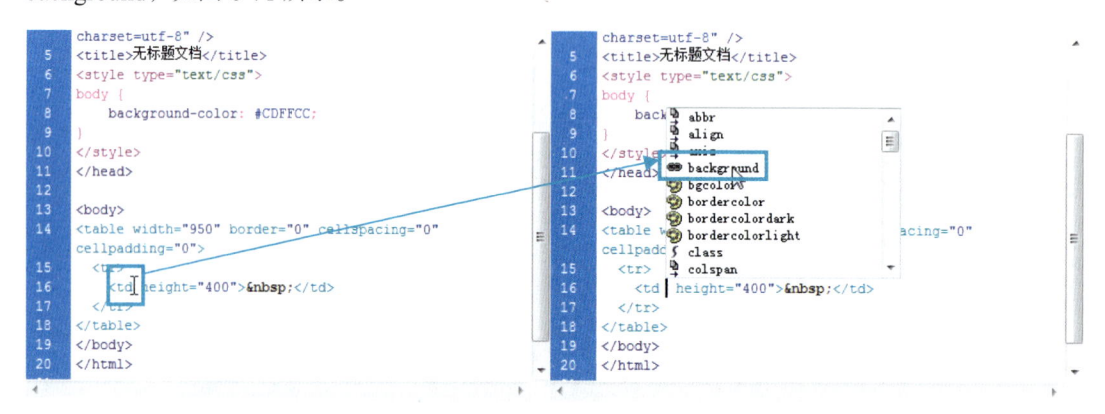

图 6-71　选择 background

4．双击 background 后，弹出链接浏览按钮，如图 6-72 所示。

5．双击"浏览"按钮后，弹出"选择文件"对话框，如图 6-73 所示。

6．选择图像后单击"确定"按钮，此时代码区域会显示背景图片地址，如图 6-74 所示。

图 6-72　链接浏览

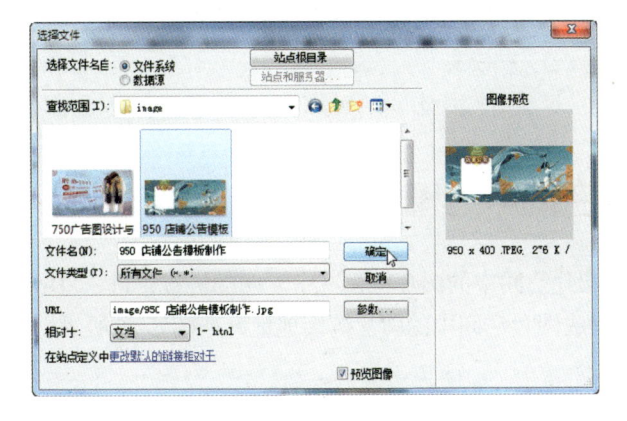

图 6-73　"选择文件"对话框

图 6-74　代码区域

7. 回到设计区域，我们会看到表格内出现了背景图片，在插入背景的区域单击，将光标固定在此单元格上，此时就可以在图片上键入文字了，如图 6-75 所示。

图 6-75　背景图

6.9　粘贴图片空间中的图片链接到 Dreamweaver 代码区

根据"6.3　复制图片空间中的图片链接"中复制的链接，进入 Dreamweaver 的代码区，将图片本身的地址替换成图片空间中的图片链接地址，如图 6-76 所示。

图 6-76　粘贴代码（1）

如果在素材中心复制代码成功后，进入 Dreamweaver 的代码区，需要替换的就是整个图片的代码，如图 6-77 所示。

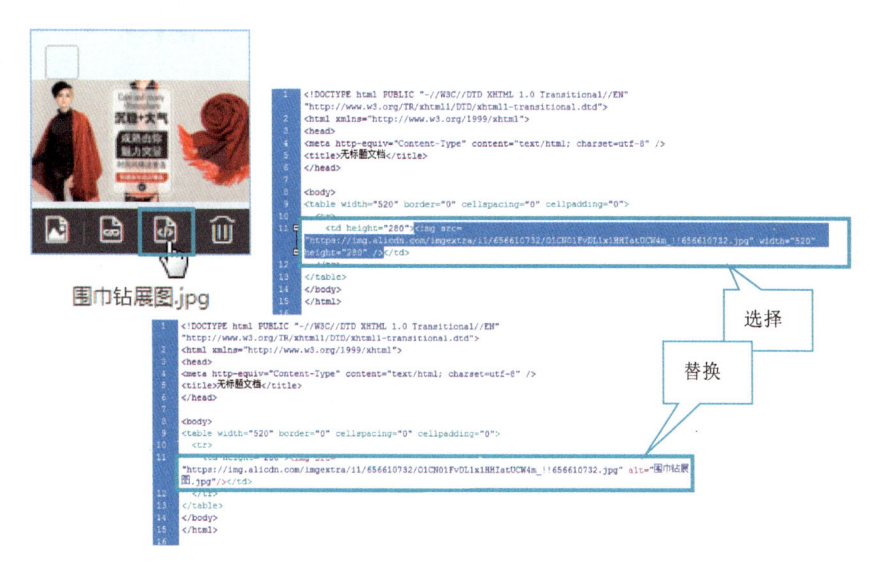

图 6-77　粘贴代码（2）

第7章

店铺可装修区域的应用
【扫码阅读】

本章重点：

- ✦ 统一店铺的配色
- ✦ 新建店铺自定义页面
- ✦ 通过代码制作带导航全屏店招并添加链接
- ✦ 轮播图的应用
- ✦ 自定义广告应用
- ✦ 宝贝分类的应用
- ✦ 店铺公告的应用
- ✦ 店铺收藏的应用
- ✦ 联系我们的应用
- ✦ 添加鼠标经过效果
- ✦ 详情页广告的应用

说明：请按照文前第Ⅳ页或封底"读者服务"的提示扫描二维码获取本章内容。